捜査のための民法

〔第4版〕

鶴岡 文人 著

東京法令出版

第4版　はしがき

　第4版では、契約による債権・債務に関する部分を中心とした民法改正（令和2年4月施行）を織り込みました。

　また、詐欺罪における最近の判例や学説を踏まえ「第1章　捜査と民法」について加筆しました。同章は、本書の核（コア）のような部分ですので、同章に深く関連する刑法上の事柄についても触れておく必要があると考えたからです。その結果、前版よりも更に注の量が増えましたので、読みやすくするために注の文字ポイントを若干大きくしてもらいました。可能な限り目を通していただければ、読者の方々の理解も深まるのではないかと思われます。

　最後に、本書の刊行につきお世話になった東京法令出版のスタッフの皆様に厚く感謝申し上げます。

　　令和3年4月

著　　者

第3版　はしがき（抄）

（平成29年4月）

　第3版では、「第1章　捜査と民法」について加筆しました。捜査における民法の必要性について設例を用いつつ説明した同章の中身を見直したのですが、結果として相当数の注を付すこととなりました。初読時には、注をとばして読んでいただいた方がよいのかもわかりません。

　また、読みやすさを優先させるために、修正した箇所も相当あります。

　加えて、契約による債権・債務に関する部分を中心とした民法改正案（第189回国会に提出され継続審査となった「民法の一部を改正する法律案」）について触れた〔民法改正案 One Point 解説〕欄を設けました。参考にしてください。

第2版　はしがき（抄）

（平成20年6月）

　第2版では、初版時に気になっていたことを、いくつか付け加えました。「第7章　債務不履行」においては、背任罪と債務不履行の関係についての記述部分を、「第11章　担保物権制度（抵当権を中心にして）」においては、抵当権の順位についての記述部分をそれぞれ増やすとともに、本文中の具体的な設例を整理し、まとめ直して「第12章　設例の検討」としました。

　本書の趣旨は、初版時の「はしがき」にもあるとおりですが、それは第2版においても、全く変わっておりません。

はしがき（初版・抄）

（平成18年3月）

　本書は、「捜査研究」第638号（平成16年10月）から第654号（平成18年1月）までに連載したものを整理し、まとめ直したものです。単行本にまとめ直すにあたっては、全体の構成を修正するとともに、通読しやすいものにするよう努めました。

　本書の趣旨は、「第1章　捜査と民法」にあるとおりですので、それをここで重複することは避けますが、一言でいえば「必要最低限の考え方を極力分かりやすく説明する」ということです。特に、多忙な捜査官の方々が、気軽に、寝ころがってでも読めるようなものにしたいと思い、項目を絞った重要ポイントを掲げたり、巻末に条文集をおくなどの工夫をしてみました。

　なお、初任科等全くの初学者の方が読まれる場合には、

　　　　「第5章　金銭をめぐる問題」
　　　　「第6章　預金をめぐる問題」

については、割愛するか、あるいは後回しにした方がよいと思われます。

目　　次

第1章　捜査と民法

1　なぜ民法を学ぶのか

　「捜査に民法は必要である」とは、従来から言われていることです。この本を手に取られた方も、上司や先輩から同じようなことを言われた経験があるでしょうし、あるいは、各種教養の場でも同じようなことを聞かされたことがあると思います。

　しかし、一口に民法といっても、条文だけで1050条までありますし、その全てが捜査に必要なわけでもありません。また、捜査に民法が必要となる場面は多々ありますが、その全てに対応する民法知識を修得しようとするのは非常に労が多いだけで、決して効率的ではありません。私たちは、最低限必要な民法の知識を、応用の利く形で、効率よく学んでいかなければなりませんが、そのためにはどうすればよいのでしょうか。

　このことを考える前提として、まずは、そもそも「捜査に民法は必要である」とされる理由（特に根源的な理由）を考えてみましょう。このことが明らかとなれば、おのずと捜査のための民法の学び方というものも、見えてくるかも分かりません。

　なお、本章は、本書の中でも特に重要な位置付けをもっていますので、必ず目を通してほしいのですが、反面、若干高度な話も入っています。一読されて、よく分からなかった方は、そのまま次章に進み、とりあえず本書を読了後に、再度本章を読んでみてください。

2 横領罪における問題点

具体的な設例を題材にして考えていく方が分かりやすいと思いますので、早速、以下の設例を考えてみてください。

〔設例1〕

Aは、Bに自己の所有物である絵画（時価100万円相当）を預けていたが、Bは、預かっていた絵画を自己の物として知人に売却してしまった。

なお、AB間においては、詳細は不明であるが、何らかの金銭貸借を含めた取引関係があることがうかがえる。

この事案について絵画の横領罪の成否を検討していく場合、何が最も重要なポイントになってくるであろうか。

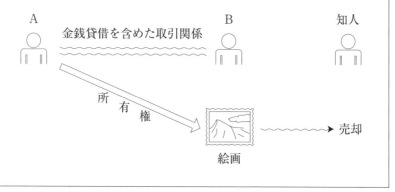

---

(1) 横領罪の構成要件と「所有権」概念

〔設例1〕においては、BのAに対する絵画の横領罪の成否が問題となっています（注1）。そして、横領罪の構成要件は、「自己の占有する他人の物を横領」することです（刑法252条1項、巻末「詐欺罪・横領罪・背任罪」）。これを窃盗罪（235条）、強盗罪（236条1項）、詐欺

罪（246条1項）等の他の典型的な財産犯の構成要件と比較した場合、その大きな特徴として挙げられるのは、占有の侵害を構成要件の内容にしていないということです。それでは、横領罪は、何を侵害する構成要件なのかということですが、前記条文中「他人の物（を横領）」とあるとおり、横領罪の保護法益は所有権であるとされています(注2)。

すなわち、「被疑者が占有（支配）しているが、被害者が所有している（被害者に所有権がある）物を、被疑者が不法に領得する」というのが横領罪の基本的構造です。したがって、横領罪の成否を検討するにあたっては、対象物の所有権が誰に帰属しているのか（被害者に帰属しているのか否か）を判断することが前提となってきます。

設例について横領罪の成否を検討していく場合にも、このことが重要なポイントになってきます。Bによる知人への絵画の売却時、実は絵画の所有権がBに帰属（移転）していたのであれば、横領罪の構成要件である「自己（B）の占有する他人（A）の物」ではなく、「自己（B）の占有する自己（B）の物」ということになりますので、横領罪の成立する余地はなくなってしまいます。

(2) 代物弁済である旨の抗弁

このような説明に対しては、「横領された絵画の所有権は、被害者Aにあるに決まっているじゃないか」と反論をする方もおられると思います。しかし、A・B間において取引関係がある場合には、話は単純でなくなってきます。例えば、問題となっている絵画の所有権が、実はBに帰属していたというような思わぬ抗弁が出てくる可能性もあります。

具体的には、A・B間の取引に基づく債権・債務に関係して、AがBに代物弁済として絵画を渡していた、あるいは、書面による明確な代物弁済契約は存在していなかったが、AがBに代物弁済的な趣旨を

含めて絵画を渡していた等の事情が明らかになった場合には、この抗弁も成り立ってきます（代物弁済の意味については、一応「本来の支払いに代えて別の物を引き渡すこと」程度に理解しておいてください。）。

　したがって、設例においては、**実は絵画の所有権がＢに移転していたのではないか、という点をしっかりと潰しておく必要があり**、そのためには、ＡがＢに絵画を預けた趣旨をはっきりさせておく必要があります（代物弁済という制度も含めて、この問題については、「第8章　代物弁済」で再度取り上げます。）。

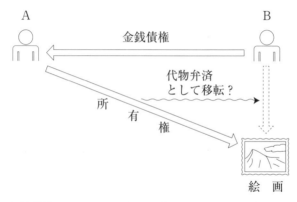

　※　金銭債権〜ＢはＡに対して金銭の支払いを請求することができるということです。後ほど〔**設例2**〕でも出てきます。

　このように、民事絡みの横領事件を擬律するにあたっては、対象物の所有権の帰属を判断することが非常に重要です。そして、所有権という概念は、民法の根幹をなす重要な概念であり（注3）、その内容や帰属（移転）についても民法が規定しています。

　横領罪の擬律判断における所有権の帰属も、原則として民法理論により決せられることになりますので、所有権の帰属について民法が規

定する基本的仕組みを理解しておくことは、横領罪の擬律判断をしていく上での前提となります。

(3)　「所有権」の侵害や帰属における注意点

　先ほども説明しましたとおり、横領罪は、占有の侵害を構成要件の内容にしておらず、所有権そのものを侵害する構成要件ですので、横領罪の実行行為によって被害者の所有権は侵害されますが、だからといって、当該行為によって被害者が必ず所有権を失うというわけではありません。この問題については、「第4章　物権的法律関係と債権的法律関係」の「2　動産一般の所有権の移転」で取り上げます。

　また、横領罪の擬律判断における所有権の帰属については、原則として民法理論により決せられますが、金銭の所有権については複雑な問題があり、民法理論では決することができない場合も多々あります。この問題については、「第5章　金銭をめぐる問題」で取り上げます。

　（注1）　設例について、当初からBにAへの犯意があり、Bが知人に売却する意図でありながらそれを秘してAから絵画の交付を受けたのであれば、絵画を客体とする詐欺罪の成否が問題となってきます。

　（注2）　山口厚『刑法各論（第2版）』〔補訂〕（有斐閣、2012年）288頁は、「窃盗罪とは異なり、「本権」一般が保護されるのではない（まして、この理解は、窃盗罪の保護法益に関する本権説と占有説との対立とは無関係であり、占有説の立場に立っても、この点について異なって解することはできない）。したがって、賃借権や質権を侵害しても、横領罪は成立しない」とします。この点については、くれぐれも誤解のないように、しっかりと理解しておいてください。

　（注3）　幾代通・遠藤浩編『民法入門（第6版）』（有斐閣、2012年）9頁、内田貴『民法Ⅰ（第4版）』（東京大学出版会、2008年）18頁以下。

3 詐欺罪における問題点

続いて、民事絡みの詐欺事件の問題を取り上げます。

〔設例2〕

詐欺事件の捜査においては、被疑者と被害者との間における債権・債務関係を明らかにする必要があるといわれることがあるが、この理由として考えられることは何であろうか。

例えば、AがBに対して100万円の金銭債権を有していたが、Bがその債務をなかなか履行しないことから、AがBに対して詐欺的手段を用いて金銭100万円を交付させたとする。

この事案について詐欺罪の成否を検討していく場合、何が最も重要なポイント（大きなハードル）になってくるであろうか。

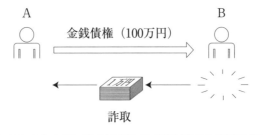

(1) 詐欺罪の構成要件

「債権・債務」、「金銭債権」や「履行」という言葉の意味については、第2章以下で詳しく説明します。ここではとりあえず、AはBに対して金銭100万円の支払い（引渡し）を請求することができ、Bがこれに応じて金銭を支払うことを履行と呼ぶ、という程度に理解しておいてください。

詐欺罪の構成要件は、刑法246条1項に規定されています（巻末「詐

欺罪・横領罪・背任罪」）。同条の構造については、

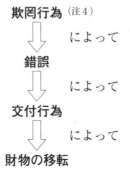

欺罔行為 (注4)

　　⇩　　によって

錯誤

　　⇩　　によって

交付行為

　　⇩　　によって

財物の移転

とされ、ゴチック体で表した4つの要件が、それぞれ矢印の流れに
そって因果関係でつながっていることが必要とされています(注5)。

　そして、詐欺罪の成否を検討していくにあたっては、まずは「欺罔
行為」を認定できるのか否かがポイントになってきますので、設例に
おいても、まずはこの点を押さえておく必要があります。ただ、設例
では抽象的な事実関係にしてありますが、「AがBに対して詐欺的手
段を用いて金銭100万円を交付させた」とありますので、今後の捜査で
更に詰めていくにしても、とりあえず前記4要件に該当する事実関係
は一応確認できていることを前提にしてください。

　それでは、設例に特有の問題点として捜査上留意すべきことは何か
ないか、特に設例のように、結果的に被害者が債務を履行した形に
なってしまう事案について詐欺罪の成否を検討していく場合、何が重
要なポイント（大きなハードル）になってくるのでしょうか。

(2)　「損害の発生」要件と「債権・債務」概念

　詐欺罪の構成要件については、条文上前記4要件が導かれるとされ
ていますが、判例・通説は、詐欺罪が成立するためには前記4要件に
加えて、更に「**損害の発生**」(注6) という要件が必要である、ただ、
「**損害**」の中身については、個々の財物の喪失それ自体を損害とし、

全体としての財産に損害を加えることまでは必要ない、としていました (注7)。

　しかし、この考え方を形式的に貫いていきますと、「財物の移転」＝「損害の発生」となりますので、「損害の発生」をあえて要件とする意味がなくなり、事実上「損害の発生」要件を不要とする考え方と同じものになってしまうという問題点も指摘されていました。そこで、**財物の喪失それ自体を損害としながらも、これを実質的に捉えようとする考え方**が有力になってきたのですが、近時の判例 (注8) も、この考え方を採用したものであると解されています (注9)。

　したがって、設例のように被疑者・被害者間に債権・債務関係が存在する事案について詐欺罪の成否を検討していくためには、財物の喪失（現金100万円の交付による移転）それ自体を形式的に損害と捉えるだけではなく、被害者側に生じた実質的な損害の有無や程度を検討していくことが必要になってきます。詐欺事件の捜査において、事件の態様によっては特に「実害があったか否か」という観点から事件検討をすることがありますが、これは上記のような考え方に基づいているものといえるでしょう。

　そして、被害者側に生じた実質的な損害の有無や程度を検討していくためには、債権・債務関係の詳細について、例えば、

　○　額（残存額）

　○　履行期（支払期日）

　○　債権・債務の数、相殺的関係に立つものがあるか。

　○　そもそも法的に有効に成立しているか。

等について明らかにしていく必要があります。そのためには、いうまでもなく「債権・債務」という民法上の概念を理解した上で、それに関する基本的な制度を知っておく必要があります。

　ところで、以上までの説明は、詐欺罪の要件として「損害の発生」

が必要であることを前提としたものです。これに対しては、条文上明記されていない「損害の発生」要件ではなく、「法益侵害」という観点から、これを実質的に捉えようとする考え方（実質的な法益侵害性を問題とする考え方）もあり、前記に挙げた近時の判例については、この考え方を採ったものであると説明されることもあります(注10)。この場合、「法益侵害」の中身については、交付行為により移転した個別の物の喪失自体であるとされています(注11)ので、これを実質的に捉えようとする考え方は、前記ゴチック部分（「**財物の喪失それ自体を損害としながらも、これを実質的に捉えようとする考え方**」）と重なってきます。

　したがいまして、この場合にも、設例について詐欺罪の成否を検討していくためには、前記同様、債権・債務関係の詳細について明らかにしていく必要があるといえます。

(3)　詐欺罪における「実質的な損害の発生」要件の位置付け

　設例のように、結果的に被害者が債務を履行した形になってしまう事案に対して詐欺罪の擬律を検討していく場合には、「**実質的な損害の発生**」という要件（あるいは「**実質的な法益侵害性**」）が重要な位置付けを占めてきます。

　ただし、一方で近時の詐欺罪の判例の中には、「損害の発生」要件ではなく、「欺罔行為」（P7）の要件の問題として詐欺罪の成否を判断した事件(注12)もあります。そこでは、「交付の判断の基礎となる重要な事項」について「欺罔行為」があったか否かという観点から詐欺罪の成否が検討されているのですが、「損害の発生」要件については特に問題とはされていません。2つの判例（前掲（注8）と前掲（注12））の理論構成は異なるのですが、ただ、詐欺罪の成否を実質的に判断していこうという考え方は両者に共通するものとされています(注13)。

　なお、この論点をめぐる判例を、全体としてどう理解していくのかについては、「損害の発生」要件よりも「欺罔行為」の要件の方を重視しているとする見解 (注14) がある一方で、どちらの要件の問題として捉えても結論に差があるとは思えないとした上で、判例は「損害の発生」がないとして詐欺罪を否定するものが多いように思われるとする見解 (注15) もあります (注16)。

　ただ、いずれにしましても、詐欺罪の擬律において、全ての事案について「実質的な損害の発生」要件を厳密に検討していく必要はないのでしょうが、少なくとも、結果的に被害者が債務を履行した形になってしまう類型については、この要件をしっかりと詰めていく必要があるといえましょう (注17)。

　ところで、構成要件の構造が詐欺罪と同様な恐喝罪についても、自己の（金銭）債権を履行させるために恐喝手段を用いて金銭を交付させた場合の恐喝罪の成否という問題があります（「権利行使と恐喝罪の成否」と呼ばれる問題です。）。これについて判例は、一定の基準により恐喝罪の成立に絞りがかけられることを示した上で、問題となった具体的事案については、同罪の成立を認めました (注18)。それ以降の下級審の裁判例の中には、恐喝罪の成立を否定したものもありますので、注意が必要です (注19)。

　また、判例の判断枠組みについては、構成要件該当性を肯定しつつも違法性阻却の問題として捉える（「損害の発生」の有無を判断するという構成要件レベルの問題ではなく、違法性レベルの問題として処理する）ものであることにも留意しておいてください (注20)。

（注4）　条文上の「人を欺いて」について西田典之（橋爪隆補訂）『刑法各論（第7版）』（弘文堂、2018年）208頁は、「旧規定では、「人ヲ欺罔シテ」とされていたため、欺罔行為と呼ばれていた。現在は、法文上の文言ではないが、学説・判例においては、なおこの

言葉が使われているため、本書でも「人を欺く行為」を欺罔または欺罔行為と呼ぶことにする」としています。本書もこれに倣いました。

（注5）　西田・前掲（注4）205頁、前田雅英『刑法各論講義（第7版）』（東京大学出版会、2020年）227頁以下、山口厚『刑法（第3版）』（有斐閣、2015年）311頁等。なお、西田・前掲（注4）205頁は、「財物の移転」については「詐取」という文言を使っています。

（注6）　「財産的損害」あるいは「財産上の損害」ともいわれています。西田・前掲（注4）220頁。

（注7）　朝山芳史「請負人が欺罔手段を用いて請負代金を本来の支払時期より前に受領した場合と刑法246条1項の詐欺罪の成否」ジュリスト編集室『最高裁　時の判例Ⅳ　刑事法編』（有斐閣、2004年）153頁は、「一般的に、刑法246条1項の1項詐欺においては、被害者が個々の財物を詐取されたこと自体が損害であり、全体としての財産に損害を与えることは必要でないと解するのが、通説であり（団藤・刑法綱要各論〔第3版〕619頁、大塚・刑法概論各論〔第3版〕256頁。全体財産に損害を与えることを要するとする説として、林幹人・刑法各論149頁）、従来の判例の立場でもあったといえよう」としています。

（注8）　最判平成13・7・19刑集55巻5号371頁。事案を具体的にわかりやすくまとめた西田典之・山口厚・佐伯仁志・橋爪隆『判例刑法各論（第7版）』（有斐閣、2018年）278頁によれば、「被告人は、建設会社の従業員で会社が大阪府から請け負った工事の現場責任者であったが、工事完成代金の支払いを受けるためには、大阪府の係員の完成検査を受けて検査調書を作成させなければならなかったところ、工事現場から排出された汚泥の大部分を不法投棄していたため完成検査に合格しないことをおそれ、内容虚偽の汚泥廃水処理券を作成し、これを検査員に真正なもののように装って提出して、工事は適正に行われた旨の検査調書を作成させ、大阪府から会社に工事代金を支払わせた」というものです。これについて最高裁は、「請負人が本来受領する権利を有する請負代金を欺罔手段を用いて不当に早く受領した場合には、その代金全額

について刑法246条１項の詐欺罪が成立することがあるが、本来受領する権利を有する請負代金を不当に早く受領したことをもって詐欺罪が成立するというためには、欺罔手段を用いなかった場合に得られたであろう請負代金の支払とは社会通念上別個の支払に当たるといい得る程度の期間支払時期を早めたものであることを要すると解するのが相当である」と判示しました。

　　なお、朝山・前掲（注７）152頁以下は、この判例について解説したものです。

（注９）　朝山・前掲（注７）152頁以下。西田・前掲（注４）220頁は、「詐欺罪の成立に、財産上の損害という要件は必要であろうか。通説は、詐欺罪があくまでも財産犯である以上、なんらかの財産上の損害の発生を必要とするとしつつも、財物や財産上の利益の交付（財物等の喪失）自体が損害であると解しており（団藤619頁、福田250頁、大塚255頁）、実質的には財産上の損害を不要とする立場とかわりがないといえよう。しかし、詐欺罪が財産犯である以上、やはり実質的な財産上の損害という要件が必要であるように思われる（実質的個別財産説）」とし、前掲（注８）・最判平成13・7・19を引用した上で判例も同旨としています。

（注10）　山口・前掲（注５）318頁以下は、「交付により移転した個別の物・利益の喪失自体が詐欺罪における法益侵害であり（判例・通説）、詐欺罪は個別財産に対する罪と解される」とした上で、前掲（注８）・最判平成13・7・19を引用して「ここでは、支払の若干の繰り上げでは詐欺罪の成立を肯定しうるだけの実質的利得・被害が認められないとしたものであり（社会通念上別個の支払といいうる場合、１項詐欺の成立を肯定しうる）、財産移転についての実質的な法益侵害性を問題とするものといえる」としています。

（注11）　山口・前掲（注５）318頁（前記（注10））。

（注12）　最決平成22・7・29刑集64巻５号829頁は、他人を搭乗させることを秘して、自己名義で航空券を購入した上で、自己に対する搭乗券の交付を受けた事案について、「搭乗券の交付を請求する者自身が航空機に搭乗するかどうかは、本件係員らにおいてその交付の判断の基礎となる重要な事項であるというべきであるから、

　　自己に対する搭乗券を他の者に渡してその者を搭乗させる意図で
　あるのにこれを秘して本件係員らに対してその搭乗券の交付を請
　求する行為は、詐欺罪にいう人を欺く行為にほかならず、これに
　よりその交付を受けた行為が刑法246条 1 項の詐欺罪を構成する
　ことは明らかである」と判示しました。

（注13）　橋爪隆「詐欺罪における「人を欺」く行為について」法学教室
　　　434号（有斐閣、2016年）103頁

（注14）　前田・前掲（注 5 ）227頁

（注15）　西田・前掲（注 4 ）220頁

　　　　なお、同226頁以下は、前掲（注12）・最決平成22・7・29につい
　　　て「搭乗券および搭乗者の適切な管理が航空機の運航の安全上重
　　　要なことは明らかであり、その不適切な管理は、当該航空会社の
　　　業務に対する信頼を失わせ、ひいては、航空会社運営の経済的運
　　　営にも重大な影響をおよぼすものといえるから、本件において、
　　　財産上の損害の危険性・可能性を肯定することは十分に可能で
　　　あったように思われる」としています。

（注16）　最近の裁判例の中で「損害の発生」要件を重視したものとして
　　　東京高判平成27年 1 月29日東高刑時報66巻 1 ～12号 1 頁が挙げら
　　　れます。他人名義で世田谷区に対して住民基本台帳カードの交付
　　　を申請し、その交付を受けた行為について詐欺罪の成立を認めた
　　　ものですが、「本件住民基本台帳カードの欺もうによる取得行為
　　　について詐欺罪が成立するためには、世田谷区に財産上の損害が
　　　生ずること、または、世田谷区の財産上の権利が侵害されること
　　　が必要であると解される」とした上で、「市区町村が、住基カー
　　　ドを交付することには、公的な証明書の交付という性質のみなら
　　　ず、財産的な負担を伴うようなサービスを提供すること（あるい
　　　は提供する可能性のあること）を内包しているものといえる」と
　　　して、詐欺罪の成立を認めました。この裁判例について西田・前
　　　掲（注 4 ）231頁は、「住基カードの不正取得が、単に公的機関に
　　　よる事実証明の作用を害するものにとどまらず、交付者に財産的
　　　な損害を与えまたは与える可能性があることを重視して、詐欺罪
　　　の成立を認めたものといえよう」としています。

（注17）　なお、「損害の発生」要件を認めない立場からの前掲（注

８）・最判平成13・7・19の解釈として橋爪隆「詐欺罪の実質的限界について」法学教室435号（有斐閣、2016年）106頁以下があります。そこでは「本判決は、欺罔行為・錯誤の内容に着目して詐欺罪の成否を判断しているわけではない。本判決は、欺罔行為の存否に関わらず、大阪府はいずれにしても工事代金を支払わざるを得ないことから、欺罔行為が結果に与えた影響はきわめて軽微なものにすぎないとして、詐欺罪の成立を否定する余地を認めているのである。ここでは欺罔行為が行われていない場合を仮定的に考慮した上で、社会通念上、結果が実質的に変更されていないと評価できる場合には、詐欺罪の成立が否定されることになる」としています。また、同様の見解として、安田拓人・島田聡一郎・和田俊憲『ひとりで学ぶ刑法』167頁以下は、弁済期の到来を誤信させて、本来よりも１か月早く100万円の債務を返済させた事例を設定した上で、前掲（注８）・最判平成13・7・19にも触れつつ、「１項犯罪の客体は財物であり、通常は財物性が肯定されれば、財物を保有することにも利益性が肯定できる。したがって、財物の移転という形式が肯定されたときに、さらにそれが実質的にも利益＝損害であるかが重ねて問われることは、通常はない。これに対して、権利者による権利行使の場合のように、当該欺罔行為がなされなかったとしても、欺罔の伴わない権利行使により財物の移転という形式が満たされると判断される場合には、仮定的世界と現実との差が実質的に利益性＝損害性を備えているかという問題が、財物性の問題とは別に立ち現れるのである」としています。特に後者においては、「損害の発生」要件を認めない立場からの「結果的に被害者が債務を履行した形になってしまう類型」（権利者による権利行使の場合）の特異性がより明確に指摘されているといえましょう。

（注18）　最判昭和30・10・14刑集９巻11号2173頁は、３万円の債権を取り立てるに際し、恐喝手段により６万円を交付させた事案について、「他人に対して権利を有する者が、その権利を実行することは、その権利の範囲内であり且つその方法が社会通念上一般に忍容すべきものと認められる程度を超えない限り、何等違法の問題を生じないけれども、右の範囲程度を逸脱するときは違法となり、恐

喝罪の成立することがあるものと解するを相当とする」とした上
で、当該事案については、「権利行使の手段として社会通念上、
一般に忍容すべきものと認められる程度を逸脱した手段であるこ
とは論なく」とし、債権額のいかんにかかわらず、6万円全額に
ついて恐喝罪の成立を認めました。

(注19)　前田・前掲（注5）269頁は、前掲（注18）・最判昭和30・10・14
が恐喝罪の成立を認めた旨を説明した後に、「ただ判例の中には、
権利行使が実質的違法性を欠くとして無罪としたものもかなり存
在することに注意しなければならない」としています。中森喜彦
『刑法各論（第4版）』（有斐閣、2015年）135頁以下は、欺罔・恐
喝手段を用いた債権の実行について、前掲（注18）・最判昭和30・
10・14にも触れた上で、「実際にも、債権の額を超えない取り立て
について両罪の成立が認められたのは、ごく例外的場合について
だけである」としています。

(注20)　西田・前掲（注4）166頁、同246頁、前田・前掲（注5）160頁。

4　捜査における民法の必要性

(1)　設例の検討をとおして（ポイント）

　捜査の現場において、民法上の法律関係が絡んだ事件の擬律判断で
悩むことが多いのは、主として詐欺罪、横領罪、背任罪の3つが多い
のではないでしょうか。

　ところで、背任罪については、当初から背任罪での擬律を検討して
いかなければならないものもありますが、一方で、当初は詐欺罪や横
領罪での擬律を検討していたものの、その過程で「人を欺いて財物を
交付」あるいは「自己の占有する他人の物を横領」へのあてはめが難
しく、最終的には構成要件がより抽象的な背任罪へと崩れていくケー
スもあるでしょう (注21)。また、横領罪と背任罪の限界事例の擬律判
断については、思考の順序として、まずは横領罪の成否を検討した上

で、横領罪の成立が否定される場合に背任罪の成否を検討すればよいともされています(注22)。

したがって、背任罪に比べれば構成要件がより明確な詐欺罪と横領罪の擬律判断がしっかりしたものであれば、おのずと詐欺罪と横領罪、さらには背任罪の擬律判断についても、かなり見通しがきくのではないかと思われます。

そして、横領罪と詐欺罪の擬律判断において、民法上の法律関係が直接的に影響を与える典型的なケースが、〔設例1〕と〔設例2〕です。ポイントは、以下のとおりです。

○　横領罪における所有権の帰属の判断

○　詐欺罪の「実質的な損害の発生」要件(あるいは「実質的な法益侵害性」)における債権・債務関係の判断(結果的に被害者が債務を履行した形になっていないか)

これらは、捜査の現場において比較的頻繁にポイントになるものでありながら、つい見落とされがちなものでもありますので、注意が必要です。そして、1つめのポイントが含んでいる民法上の概念は、**所有権**であり、2つめのポイントが含んでいる民法上の概念は、**債権・債務**—特に契約による債権・債務—ですが、この両者は、民法の最も基本的で重要な概念とされています(注23)。

(2)　事件の擬律判断と民法

ここで本章冒頭のテーマに再び戻りますが、一般論として「捜査に民法は必要である」とよく言われます。この最も身近な具体例としては、例えば不動産の登記事項証明書の内容を理解するためには、民法等についての基本的な知識が必要となってきます。

　さらに、捜査における民法の必要性が強調される具体例として挙げられるのは、民事の絡む取引関係を舞台にした事件の捜査です。○○取引をめぐる詐欺、横領、背任等事件の捜査であり、○○取引の具体例としては、不動産売買、融資（金銭消費貸借）その他の民事関係取引が挙げられます。そして、この種事件の捜査のためには、民法その他の民事法上の制度である○○取引についての理解が必要不可欠となってきます。ただし、捜査する側が、あらかじめ民事法上の各種制度を知悉しておくのは困難ですので、様々な事件を扱うたびごとに問題となる制度を研究し、理解することによって、個々の事件捜査に対応していくことになるでしょう。

　しかし、捜査における民法の必要性について考えるとき、以上の具体例よりも深刻で、根本的な問題があることに注意すべきであると思われます。それは、事件の擬律判断に民法上の法律関係が直接的に影響を与える場合があるということであり、その典型的なケースが、前項において示した横領罪と詐欺罪の擬律判断上のポイントといえます。

⑶　どのようにして民法を学ぶのか

　それでは、捜査に必要な民法をどのようにして学んでいけばよいのでしょうか。今までの説明の中で答えらしきものは出ているのですが、確認のためにも、それらをまとめておきます。

　まず、捜査に民法が必要となる様々な場面の中でも、とりわけ根本的、決定的な必要性の要因として挙げられるのは、事件の擬律判断に民法上の法律関係が直接的に影響を与える場合があるということでした。その典型的なケースは、前々項において示した横領罪と詐欺罪の擬律判断上のポイントのとおりです。

　そして、これらのポイントが含んでいる民法上の２つの概念——「所有権」と「債権・債務（特に契約による債権・債務）」——は、民法の

最も基本的で重要な概念でした。

　そうであれば、この２つの概念を中心にして民法の知識（というよりも、むしろ民法の考え方と言った方がいいのかも分かりません。）を学んでいけばよいことになりますし、さらには、民法上の各種制度も、この２つの概念を基礎にして、これと関連付けながら学んでいけば、効率よく学んでいくことができるという利点もあります。

(4)　警察教養と民法

　警察教養においては、刑法、刑事訴訟法等の刑事法と比較した場合、民法等の民事法についての教養は余り行われていないのが実状ではないかと思われます。さらには、刑法や擬律判断等についての教養が行われる際においても、民法等の必要性にまで留意されることはほとんどないとも思われます。このことの背景には「刑事は、刑事法を知っていれば事足りる」とする考え方があるのかもしれません。ただし、刑法（特に財産犯）を知るためには、基本的な民法の概念が必要になる場合もあるということは、前項までの説明でご理解いただけたと思います。

　なお、捜査における民法の必要性を痛感された方の中には、独自で、民法の体系に従って民法総則^(注24)から勉強し始めたものの途中で挫折した方もおられるのではないでしょうか。本書は、このような方を手助けしようとするものでもあります。

　（注21）　本江威憙監修『民商事と交錯する経済犯罪Ⅰ』（立花書房、1994年）149頁は、背任罪について「この罪は、詐欺罪、横領罪など取引における信義誠実関係の違背を含んだ犯罪類型では賄いきれない行為（主として債権的形態における財産侵害行為）を規制対象とすべく登場した新しい犯罪類型であって、侵害の態様の類型化が困難であるために構成要件が抽象化されたものとなって

いる点において、特徴的といえよう」としています。

（注22）　山口・前掲（注5）348頁以下

（注23）　幾代・前掲（注3）9頁は、「所有権と契約、これが私法の二大支柱である」としています。内田・前掲（注3）18頁には、民法の構造について「契約と所有権を基軸とした体系化」とする項目があります。

（注24）　民法総則は、民法の中で最も抽象度が高いので、初学者の方々にとっては最も分かりにくい部分です。

5　本書の構成等

本章の最後に、本書の構成や使い方を付記しておきますので、参考にしてください。

(1)　本書の構成

第2章以下は、3つのグループに分かれます。

第2章～第4章は、「所有権」と「契約による債権・債務」についての考え方を中心に、民法の基本的な枠組みを理解してもらおうというものです。まず「第2章　民法の基本的法律関係」では、前記2つの概念を用いた基本的法律関係や基本的設例を示しながら、所有権や契約、物権や債権といった重要な概念について導入的な説明をします。続いて「第3章　物権（所有権）をめぐる原理・原則」では、基本的法律関係等において中核になっているだけではなく、刑法各論における財産犯全体を理解するためにも必要不可欠な概念である所有権（注25）を中心に、その原理・原則を説明します。そして、「第4章　物権的法律関係と債権的法律関係」では、第2章と第3章を受け、基本的設例における物権・債権の法律関係について、具体的には所有権の移転や債権・債務の内容が実現されて消滅していくプロセスにつ

いて説明します。

　続いて第5章と第6章においては、金銭と預金をめぐる問題を取り上げます。本章の「2　横領罪における問題点」では、民法上の法律関係が絡んだ事件の擬律判断で悩むことが多いものの代表例として、横領罪（保護法益が所有権）を挙げましたが、一方で、金銭の所有権については、第4章でも説明しますとおり特殊な問題があり、これを踏まえた上での擬律判断を行う必要があります。また、犯罪の過程において金銭が預金に姿を変えることにより、その擬律判断が複雑になることも多々あります。第5章と第6章では、これらの問題を取り上げて説明します。

　そして、第7章～第11章においては、債権・債務に関する各種制度の中でも特に重要なものを取り上げて説明します。債権・債務は、その内容が実現されて消滅していくのが通常であり、また、それが理想的なのですが、実現できない場合もありえます。この場合の法律関係について、まずは「債務不履行」を取り上げて説明します。一方で、実現できないリスクを避けるために、あるいは、極力これを少なくするために、債権・債務に関する制度が活用されることもあります。特に金銭の支払請求権である「金銭債権」（金銭債務）については、私たちの身の回りにおいて極めて重要な役割を果たしておりますので、金銭債権の実現を図るために民法上の様々な制度が活用されておりますが、これらは金融取引法制の基礎、根幹ともいえるものです。第8章以下では、「代物弁済」、「相殺」、「債権譲渡」、そして「抵当権」を取り上げて説明します。

(2)　本書の使い方

　本書の使い方については、以下のとおりですので、これも参考にしてください。

○　必ず理解し、記憶してほしい部分は、

> **（重要ポイント）**
> 　　○○○○○……………

と表示しています。

　項目は絞りに絞っていますので、必ず理解し、記憶するようにしてください。

○　節目節目で質問を入れています。

　必ずそこで立ち止まり、考え、あるいは既に説明してある重要事項を再確認するようにしてください。

○　掲げた条文も、最低限必要なものに絞り込んでいます。

　また、逐一六法を引く手間を省くために、それらをまとめて「民法重要条文集」として巻末に付していますので、十二分に活用してください。

（注25）　井田良『入門刑法学・各論（第 2 版）』（有斐閣、2018年）106頁は、「刑法が、財産保護の中核に据えているのは、財物（有体物）の所有権の保護なのです」としています。

第2章　民法の基本的法律関係

　前章では「所有権」と「（契約による）債権・債務」が民法の最も基本的で重要な概念である旨説明しました。そして、この両者を使って民法の基本的法律関係を説明すれば、以下のとおりとなります。

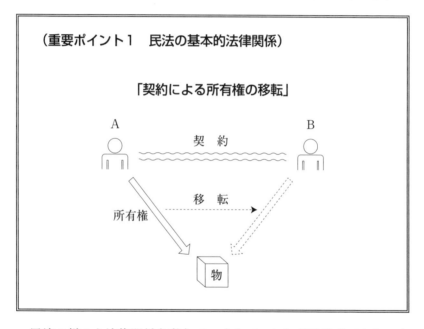

（重要ポイント1　民法の基本的法律関係）

「契約による所有権の移転」

　民法の様々な法律関係を考えていく上で、これが出発点であり、全ての基本となります。民法上の様々な制度も、この基本的法律関係を題材にし、あるいは、これと関連付けることにより、理解がより容易なものになるでしょう。

1　契約による所有権の移転

(1)　所有権とは何か

　この基本的法律関係において中核となっている概念が「所有権」ですが、そもそも所有権とは何なのでしょうか。よく日常の言葉の中でも「誰々の所有である」という言い方がなされますが、所有権という言葉を法律的に説明するとどうなるのでしょうか。

（重要ポイント2　所有権）

　　所有権＝物の使用・収益・処分をする権利

　　　　　　　　　　　　　　　　　　　　　　　（206条）

　※　本書で民法の条文を掲げる際には、「民法○○条」とはせずに、単に「○○条」とします。

　特に、「使用」・「収益」・「処分」という言葉は、後ほど「2　所有権と物権」のところでも出てきますので、記憶しておいてください。それぞれの言葉の意味は、日常の用語例と同じです。「使用」については、すぐにイメージできると思いますが、「収益」の具体例は、物を貸して賃借料をもらうこと等（例：借家）、「処分」の具体例は、物を売却すること等です。このように、所有権とは、その物について何でもできる、万能な権利です。

　それでは、これほどまでに強い力を持つ所有権について、これは目に見えるものなのでしょうか。答えは否です。所有権とは観念的なも

のであり、人類が頭の中で創り出した概念、考え方なのです。

　それでは、どうやってＡさんの所有物、Ｂさんの所有物という区別ができるのでしょうか。それは、対象物をＡさんが所持している、持っているからこそ、その対象物はＡさんのものである、すなわちＡさんが所有権を有していると推定されるわけです。

　それでは、所持が明らかではない（例えば持ち歩きできない）高価な物の所有権については、どのようにしてＡさんの物、Ｂさんの物という区別ができるのでしょうか。この問題については、不動産における登記制度や自動車等の重要な動産における登録制度が解答を与えてくれますが、このあたりの話は非常に重要ですので、「第３章　物権（所有権）をめぐる原理・原則」で説明することとします。

(2)　契約とは何か〜売買契約を題材とした基本的設例の設定〜

　「契約による所有権の移転」という基本的法律関係において、もう一つの中核となっている概念が「契約」ですが、そもそも契約とは何なのでしょうか。契約という言葉も、所有権同様、日常でよく使われていますが、これを法律的に説明するとどうなるのでしょうか。

　その手がかりとなるのは522条１項ですので、巻末の「民法重要条文集」を見てください。この条文は、申込みの意思表示を承諾すること、より分析的に言えば、申込みの意思表示と承諾の意思表示が合致したときに契約が成立すること、を定めています。

　ただ、これだけでも抽象的ですので、次に巻末の「民法条文の体系」を見てください。

　「第3編　債権」の中には、「第2章　契約」という項目がありますが、その中の「第2節　贈与」以下には、世の中にあまたある契約の中でも典型的な契約が並んでいます。特に、第3節の「売買」という言葉を知らない人、あるいは売買というものを経験したことがない人は、いないはずです。

　そこで、「契約とは何か」を考えていく次の手がかりとして、契約の一つである売買契約を念頭において考えていくことにしましょう。売買契約の内容について定めた条文は555条ですが、条文を読んだだけではイメージもわきづらいと思います。また、「契約による所有権の移転」が民法の基本的法律関係であるとしても、このままの形では抽象的すぎますので、売買契約を題材にして、これを具体化した基本的設例を設定することにします。

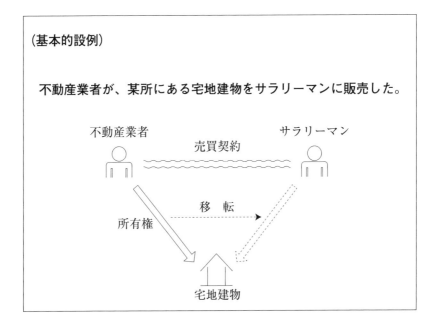

（基本的設例）

不動産業者が、某所にある宅地建物をサラリーマンに販売した。

　設例におけるサラリーマン、不動産業者の目的は何でしょうか。サラリーマンの目的は、いうまでもなく宅地建物を手に入れるということですが、これを法的に説明すれば、宅地建物の所有権を得るということになります。一方、不動産業者の目的は、宅地建物の販売代金を手に入れるということですが、これを法的に説明すれば、販売代金という金銭の所有権を得るということになります。

　それでは、設例の売買契約で考えた場合、契約が契約として存在するために、必ず必要な条件（要素）として何が挙げられるでしょうか。宅地建物（の所有権）、売り手である不動産業者、買い手であるサラリーマン等の存在が挙げられるでしょう。

　それでは、他の売買契約あるいは売買契約以外の契約について考えた場合、いずれの契約にも必ず必要な条件（要素）として何が挙げられるでしょうか。契約の目的物（設例でいえば宅地建物）とも考えられますが、契約の中には「委任契約」（643条）のように、平たく言えば事務的な仕事をお願いするだけの契約もあります。答えは「相手方」です。設例においては、不動産業者にとっては買い手であるサラリーマンの存在が必要不可欠であり、サラリーマンにとっては売り手である不動産業者の存在が必要不可欠です。つまり、契約とは、「自分」と「相手方」との合意により成立するものなのです。このことを法律的に表現しますと、「契約は当事者の意思表示の合致により成立する」ということになります。

　この**「意思表示」**という法律用語については、民法の基本書等において「一定の法律効果の発生を欲する意思を外部に対して表示する行為」等と定義されています。しかし、複雑な法律上の定義を覚える必要はありません。字のごとく**「意思を表示すること」**であると理解し、具体例でイメージしていただければ十分です。設例においては、サラリーマンの意思表示は「この宅地建物を買います」という意思を相手

方に表示することであり、不動産業者の意思表示は「この宅地建物を
あなたに売りましょう」という意思を相手方に表示することです。現
実には、不動産業者とサラリーマンが交渉し、契約条件を詰めて、最
終的に両者の「買います」「売ります」という意思表示が合致するこ
とにより、契約が成立します。

そして、契約の成立により、債権が発生します（債権については、
本章の「3　債権」で説明します。）。

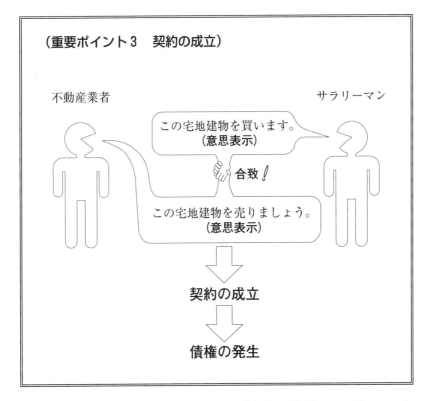

（重要ポイント3　契約の成立）

不動産業者　　　　　　　　　　　　　　　　　　サラリーマン

この宅地建物を買います。
（意思表示）

合致

この宅地建物を売りましょう。
（意思表示）

契約の成立

債権の発生

なお、意思表示の合致は、当事者間（売主と買主）の口頭のみでも
当然可能です（522条2項）が、後に当事者間で争いが生じた場合に
は、契約や意思表示の内容の証明が困難であることから、宅地建物等
の高額な物を対象とする契約については、その内容を契約書等の書面

にしておくのが普通です。

Q：私たちの身の回りにある売買契約の実例を挙げてください。

　最も身近な売買契約の実例は、コンビニで商品を買うような場合です。このような売買契約では、店頭で、商品と交換に代金を渡すのが普通です。

　一方、基本的設例のような売買契約においては、契約書へのサイン、手付金の交付、登記の手続、残代金の支払というように、契約が成立し、その目的が達せられて終了するまでに、かなりの時間がかかります。

　そして、前者のような、商品と代金が直ちに交換される売買は、特に「現実売買」と呼ばれ、後者のような売買とは区別されます。さらに注意すべきは、現実売買は、民法が本来的に想定している売買契約ではない、ということです。私たちの最も身近な売買の実例である現実売買を念頭におくと、民法の様々な規定が理解しにくいものになってしまいます。ただ、現実売買であっても民法の適用はある、ということも最後に付言しておきます。

（重要ポイント４　民法を理解するために）

　現実売買ではなく、契約成立から契約終了までの時間の流れがある売買を想定すれば、民法が理解しやすくなる。

2　所有権と物権

　所有権は、「契約による所有権の移転」という民法の基本的法律関係
の中核をなす重要な概念でしたが、所有権と似たような概念であり、
やはり民法上の重要な概念でもある「物権」について、ここで説明し
ておきます。まずは確認からです。

> **Q**：所有権とは、どのような権利だったでしょうか。

　所有権とは、**物**の使用・収益・処分をする権利のことでした（**重要
ポイント2**）。このように、所有権の対象は「物」であり、基本的設
例においては、サラリーマンや不動産会社は、宅地建物や金銭という
物に対する所有権を得ようとしていました。
　それでは、「物」とは何でしょうか。これは85条に規定されています
が、同条は、物を有体物であると定義しており、宅地建物や金銭は、
当然これにあてはまります。
　そして、物を支配する権利のことを物権といい、他方、人に請求す
る権利のことを債権といいます。

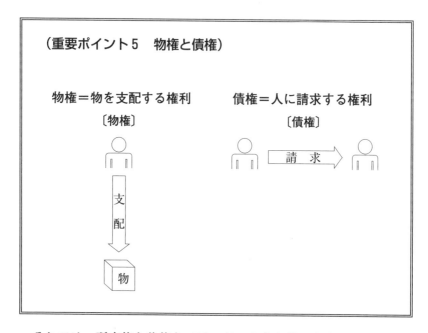

（重要ポイント5　物権と債権）

物権＝物を支配する権利
〔物権〕

債権＝人に請求する権利
〔債権〕

請　求

支
配

物

　それでは、所有権と物権とでは、どのような違いがあるのでしょう
か。これは法律学における各種概念の創り方にも同様のパターンがみ
られますが、所有権やその他の権利を包括する上位概念として、物権
という概念が創られています。所有権以外で、物権グループに属する
その他の権利は、民法の「第2編　物権」（巻末「民法条文の体系」）
に列挙されていますので、見てください。物権とは、所有権等これら
の権利に共通する性質や要素を抽出して構成された概念であり、所有
権等よりも上位に位置する概念なのです（このように、法律上の概念
は、上位概念になればなるほど抽象化されていくことになります。）。
　しかし、そうはいっても、物権の中で中心的な位置にいるのは、や
はり所有権であり、所有権というものを分解することによって、それ
らの様々な権利の中身も明らかになってきます。すなわち、所有権に
は使用・収益・処分という3つの権能がありましたが、そのうちの使
用・収益権能を取り出したものが用益物権と呼ばれるグループです。

具体的には、地上権、地役権等がこれにあたりますが、これらの権利の内容を一言でいえば、当該土地を利用できるだけの権利であり、処分つまり売ったりはできないということです。

　その一方で、処分権能を取り出したものが担保物権と呼ばれるグループです。処分権能があるということは、言葉を換えると、処分（売ること）を通して、その物の交換価値を把握しているということでもあり、この処分権能（交換価値の把握）を取り出したものが担保物権なのです。具体的には、抵当権、質権等が挙げられます。

　そして、所有権は、使用・収益・処分権能を全て有しているため、物権の中でも中心的な位置にいますが、その一方で、用益物権と担保物権については、3つの権能の一部しか有していないため、制限物権とも呼ばれています。かなり抽象的な説明ばかりになってしまいましたが、**重要ポイント2・重要ポイント5**と併せて、

　○　所有権は、物権の中でも中心的な位置を占めているということ

そして、

　○　所有権の3つの権能が分解されて、その他の物権が創られたということ

については、しっかりと理解しておいてください。

3　債　権

　続いて、物権と対をなす概念であり、やはり民法上の重要な概念である「債権」について説明します。まずは確認からです。

Q：債権とは、どのような権利だったでしょうか。

　重要ポイント5のとおり、債権とは、「人に請求する権利」のこと

でした。人に請求するということは、請求をする側と、請求をされる側（請求を受け、その請求内容を実現する側）とに分かれることになりますが、請求をする側を債権者、請求をされる側を債務者といいます。

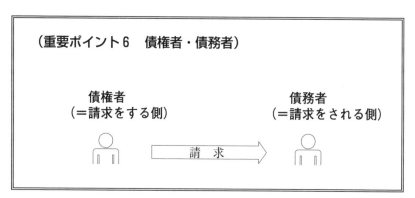

（重要ポイント6　債権者・債務者）

債権者
（＝請求をする側）

債務者
（＝請求をされる側）

請　求

このように、債権とは、債権者にとっては権利ですが、債務者にとっては義務であり、「債務」という言葉は、債権に対応する法律用語です。要するに、一つのものが債権者からみれば「債権」なのですが、債務者からみれば「債務」であり、両者は表と裏の関係にあります。

それでは、債権の具体的な中身については、どのようなものがあるのでしょうか。物権の具体的な中身は、民法の「第2編　物権」（巻末「民法条文の体系」）に列挙されていましたが、債権の具体的な中身については、債権者と債務者との間の合意（意思表示の合致）により決められます。このことは、まさに**契約自由の原則**の現れなのです。

契約自由の原則とは、**契約の内容を当事者（例えば売主と買主）が自由に決めることができる**ということ（521条2項）ですが（注26）、契約の内容を自由に決めることができるということは、すなわち契約により生じる債権（債務）の中身についても、自由に決めることができるということになります。要するに、個々の債権・債務の中身は、

個々の契約ごとに決まってくるということであり、それだけに当事者間でどのような契約が結ばれているのかを明らかにすることが重要になってくるわけです。

　それでは、契約の内容や債権・債務の中身が当事者により自由に決められるということであれば、このことと契約や債権・債務について細かく定めている民法の規定（具体的には、民法の「第3編　債権」（巻末「民法条文の体系」））との関係については、どう考えればよいのでしょうか。これについては、民法の規定は、あくまでも一つの基準（標準的な基準）のようなものであり、それに従いたくなければ、当事者が民法の規定とは異なる内容の契約（債権・債務）にすればよい、ということになります。このように、標準的な基準としての役割をもつ規定を任意規定といいますが、一方、当事者間の意思には関係なく適用される規定を強行規定といいます。一般的には、「第1編　総則」や「第2編　物権」には強行規定が多く、「第3編　債権」には任意規定が多いとされています。

Q：個々具体的な債権の中身については、個々の契約ごとに決められると説明しましたが、それでは、財産に関する契約を考えた場合、債権の中身として何が最も一般的でしょうか。

　再度、基本的設例やコンビニ等での売買契約を題材にして、考えてみてください。答えは「物の引渡し」です。例えば、基本的設例における主要な債権の中身としては、

　　○　宅地建物の引渡し **（宅地建物引渡請求権）**

　　○　販売代金の支払いという金銭の引渡し **（金銭支払請求権）**

の2つが挙げられます。この場合、宅地建物引渡請求権については、債権者はサラリーマンであり、債務者は不動産業者です。一方、金銭

支払請求権については、債権者は不動産業者であり、債務者はサラリーマンです。このように、一つの売買契約により、契約の当事者であるサラリーマンと不動産業者は、債権者にも債務者にもなるわけです。

　なお、債権の中身としての「物の引渡し」は、民法上も重要な概念であることから、特に**「引渡債務」**と呼ばれています。引渡債権でもよさそうなものですが、講学上は引渡債務とされています。債権も、債権者の側からみれば債権ですが、債務者の側からみれば債務であることから（**重要ポイント6**）、この場合、債権・債務という言葉の違いにとらわれる必要はないのでしょう。

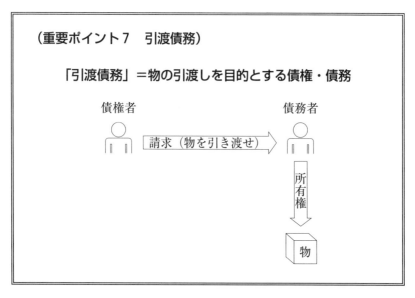

それでは、最後に、基本的設例における物権についての法律関係と債権についての法律関係をチャート図（**重要ポイント8**）にして、まとめておきます。この図を見ながら、今までの説明を頭の中で整理してみてください。

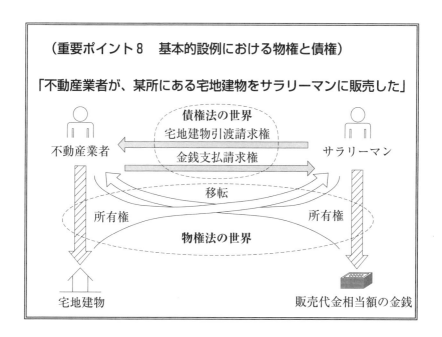

（注26）　521条2項を「契約内容の自由」を定めたもの、521条1項を
　　　「契約締結の自由」を定めたもの、522条2項を「方式の自由」を
　　　定めたものとし、これらを包括するものとして「契約自由の原
　　　則」があると説明されることもあります。
　　　　なお、契約の成立にしても契約自由の原則にしても、それらを
　　　定めた条文は原理・原則的規定であるにもかかわらず、民法の最
　　　初の方ではなく、真ん中辺りに規定されていますが、この辺りの
　　　事情については、次節の「パンデクテン体系」のところを読んで
　　　みてください。

4　民法の読み方と物権・債権

それでは、ここで民法条文の全体像を俯瞰し、その体系を理解しておきましょう。そうすることにより、問題の解決に必要とされる条文を見つけるのが随分と楽になります。

巻末の「民法条文の体系」を見てください。民法は、5つの編から構成されていますが、このうち「第1編　総則」、「第2編　物権」、「第3編　債権」は、財産関係について規定し（財産法）、「第4編　親族」、「第5編　相続」は、身分関係について規定しています（身分法）。

このように、民法は、財産法律関係について物権・債権という概念を中心にして各種規定をおき、両者に共通する規定を抽象化して「第1編　総則」においています。さらに「第2編　物権」と「第3編　債権」についても、それぞれ「第1章　総則」がおかれており、さらに下位の項目（例えば物権編の「第10章　抵当権」や債権編の「第2章　契約」等）についても、総則がおかれているのが散見されます。このように、物権編、債権編それぞれの中でも共通規定の抽象化が行われており、民法の条文は、

```
総　則　──　各　則
```

という体系構造の下で配列されていることが分かります。民法におけるこのような体系構造は、パンデクテン体系と呼ばれています。

それでは、パンデクテン体系のメリットとして何が考えられるでしょうか。それは、条文の重複を避けることができるということです。この体系を採らなければ、総則にある規定を各則で逐一重複して規定

していかなければなりません。

　しかし、その反面、パンデクテン体系のデメリットとして、条文の読みにくさ、勉強のしにくさが生じてきます。条文を読むにしても、基本書を読むにしても、最初の部分になればなるほど、その内容が抽象化されているわけですから、特に民法総則から学び初めても、さっぱりイメージがわかない、理解できないということになってしまいます。

　また、現実の民法上の問題を解決する際には、適用条文や問題となる条文を探していくわけですが、それにはパンデクテン体系を考慮した探し方が必要になってきます。例えば、基本的設例で考えてみましょう。売買契約についての規定は、「第3編　債権」の「第2章　契約」の「第3節　売買」にあり、条文は555条から585条までです。しかし、売買契約の法律問題を解決するためには、この部分だけを読めばよいのではなく、

○　契約全般について規定した「第2章　契約」の「第1節　総則」
　　の部分
○　債権全般について規定した「第1章　総則」の部分（いわゆる
　　債権総論と呼ばれる部分です。）

にも目を通しておく必要があります。さらには、売買契約は対象物の所有権の移転を目的とするものですから、所有権に関する規定がおかれている「第2編　物権」や民法全体に適用される「第1編　総則」についても、必要に応じて目を通す必要があります。

　こう説明しますと「何だ、結局すべての規定をしらみ潰しに学ばなければならないのではないか」と失望する方もいると思いますが、民法上の全ての制度とその解釈を理解し、覚える必要など全くありません。第1章で申し上げたとおり、本書では、捜査に必要な最低限の部分のみを、応用の利く形で、考え方を中心にして説明していきますの

で、どうか失望せずに、このままお付き合い願います。ただし、本書
で説明するのは必要最低限の範囲なので、余裕のある方は、本書で得
た考え方を基にし、これに関連付けて、民法のどのあたりにはどのよ
うな制度があるのかを理解するようにしてください。

第3章　物権（所有権）をめぐる原理・原則

　所有権は、民法の基本的法律関係の中核をなす概念であり、この所有権の上位概念として物権があり、これは民法を体系付ける重要な概念でした。そして、物権が物を支配する権利である（**重要ポイント5**）ということから、様々な原理・原則が導かれます。この章では、その中から特に重要なものを取りまとめて、以下に説明します。

　なお、以下の説明は、所有権を含んだ物権全般についてあてはまることではありますが、前章でも説明したとおり、物権の中でも中心的な地位にあるのは所有権ですので、特に所有権を念頭において説明していくことにします（具体的な物権として所有権を想定した方が分かりやすいといえるでしょう。）。

1　物権の本質としての排他的支配性

　物権が物を支配する権利である以上、**その支配の態様は排他的なものでなければ権利者は困ってしまいます**。例えば、Aさんがある土地を所有しているにもかかわらず、その土地に重ねてBさんの所有権が成立するということであれば、Aさんは、その土地を自由に使用、収益、処分することなどできません。この「**排他的支配性**」は、所有権を中心とした物権の本質的な性質であり、排他的支配性から物権的請求権、物権法定主義、物権の公示等の重要な原理・原則が導き出されることになります。

2　物権的請求権

　物権の排他的支配性を考えた場合、所有物が奪われたり、所有物の使用が妨害されたりすれば、当然、所有物を取り戻したり、妨害を排除できるようにしなければなりません。したがって、物権には「**物権的請求権**」が認められており、返還請求権、妨害排除請求権、妨害予防請求権の3種類の請求権が認められていますが、特に返還請求権は、社会生活上重要な機能を有しています。例えば、自動車を盗まれた被害者は、民事上その所有権に基づき、窃盗犯人に対して自動車の返還を請求できます（この場合、返還請求の相手方である窃盗犯人については、特定されていなければなりませんが……）。また、もしも窃盗犯人が知人にその自動車を売却していた場合であっても、被害者は、同様に、知人に対して自動車の返還を請求することができます。

図1

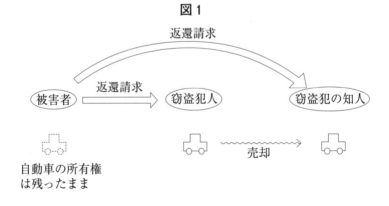

　前章において「所有権とは目に見えない、観念的なものであり、人類が頭の中で創り出した概念、考え方である」という説明をしたことを思い出してください。窃盗犯人は、窃取した自動車を事実上支配していますが、観念的な存在である所有権は、被害者の下にとどまった

ままなのです。観念的な存在である所有権は、原則として、所有権者
（被害者）の意思に基づかなければ移転しないということです（契約
による所有権の移転）。

　そして、ここで、物権的請求権に関連して、民事上の様々な法律関
係を検討していく上で必要不可欠な視点を付け加えておきます。それ
は、**誰が誰に対して物の引渡しを請求することができるのか**というこ
とです。物権的請求権は、その名のとおり「請求権」であり、物を奪っ
た人に対してその物の返還（引渡し）を請求できる権利ですが、人に
対する請求権としては、他に「債権」があり（**重要ポイント5**）、債
権の中でも物の引渡しを目的とする「引渡債務」がとりわけ重要でし
た（**重要ポイント7**）。したがって、民事上物の引渡しの法律関係を検
討していく際には、所有権（物権）と債権、両面から検討していけば
よいということになります。

3　物権法定主義

　前章では、物権が所有権その他の権利を包括する上位概念であり、
それらは「第2編　物権」に列挙されている旨説明しました。どのよ
うなものがあるのか、再度「第2編　物権」（巻末「民法条文の体
系」）を見てください。

　このように、具体的な物権の種類は、あらかじめ民法で決められて
おり、新たな物権を創り出すことはできませんし、さらには、それぞ
れの物権の内容についても変更を加えることはできません。このこと
は**物権法定主義**と呼ばれており、条文では175条に定められています。

　一方、契約により発生する債権の中身（種類・内容）は、契約の当
事者間で自由に決めることができ、これは**契約自由の原則**の現れでも
ありました。

> **Q**：債権の場合とは異なり、なぜ物権については物権法定主義が採られ、その種類・内容が法定されているのでしょうか。

　物権の本質的な性質は、「**排他的支配性**」であり、これは他を排して独占的に物を支配するという強力な支配態様でしたが、このことゆえ物権には物権的請求権のような強い力が認められていました。このような強い力が認められている物権については、その強い力のために他人の利害にかかわることも多いので、当事者間の契約で勝手に新たな物権が創られたり、既存の物権の内容が変更されたりすることのないように、物権の種類・内容を法律であらかじめ定めておこうというのが物権法定主義の趣旨なのです。

4　物権の公示

　物権の本質が、「**排他的支配性**」という強力な支配態様であることから、物権の存在（具体的には、その物について誰が所有権を有しているのかということ）を社会一般に知らしめておく必要があります。しかし、所有権の例で説明したように、物権は目に見えない、観念的な存在でしかありません。人の目に見えないにもかかわらず、強い力を有している物権（所有権）の存在を、どうやって我々がしっかりと認識できるようにすればよいのか、これが「物権の公示」という問題なのです。

図2

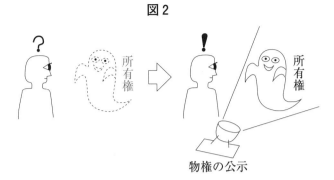

物権の公示

　「物権の公示」といいますと、何やら小難しく聞こえますが、これも「意思表示」という言葉と同様、要するに字のごとく**「物権（の存在）を公に示す」**ことであると理解し、具体例でイメージしていただければ十分です。

> **Q**：物権の公示の具体例として、土地や建物の所有権を公示するものは何でしょうか。

　答えは「不動産登記簿」です。これを見れば、その土地や建物について所有権を有している者は誰なのか、その土地等について抵当権を有している者は誰なのかが一目瞭然でわかります。

図3・不動産登記規則から

登記事項証明書の様式

表　題　部　　（土地の表示）		調製			不動産番号	
地図番号		筆界特定				
所　　在						
①地　　番	②地　　目	③地　　積　　㎡		原因及びその日付〔登記の日付〕		
所　有　者						

権　利　部（甲区）　　（所有権に関する事項）			
順位番号	登記の目的	受付年月日・受付番号	権利者その他の事項

権　利　部（乙区）　　（所有権以外の権利に関する事項）			
順位番号	登記の目的	受付年月日・受付番号	権利者その他の事項

（不動産登記規則　別記第7号）

　※　平成16年の不動産登記法の全面改正により、登記簿は磁気ディ
　　スク登記簿に一本化されました。

　「表題部」において物件が表示され、「権利部（甲区）」では所有権
に関する登記が、「権利部（乙区）」では所有権以外の権利（代表的な
ものは抵当権）に関する登記が記録されます。

Q：土地や建物以外の様々な動産の所有権も公示する必要がありま
　すが、公示の方法としては何があるでしょうか。

　86条1項は、「土地及びその定着物は、不動産とする。」とし、86条
2項は、「不動産以外の物は、すべて動産とする。」としています。動
産の具体例としては、高価なものでは船舶や自動車等から、身近なも
のでは書籍や食料品等に至るまで、枚挙にいとまがありません。

　それでは、これら動産の所有権を公示する方法としては、何があるのでしょうか。例えば、自動車をお持ちの方はご存じだと思いますが、自動車については登録制度がありますし、船舶については登記制度があり、これらは不動産登記制度と非常に似ています。

　それでは、書籍や食料品等、世の中にあまたある動産の所有権を公示する方法は何でしょうか。これらの種類や数は星の数ほどあり、いちいち登記や登録といった帳簿上の処理を行うことは物理的に不可能ですので、動産一般については**「占有」**が公示方法とされています。その動産をAさんが占有しているのだからこそ、Aさんがその動産について所有権を有しているのであろう、と社会一般が認識できる（公に示している＝公示）わけです。自動車や船舶等における登記・登録制度は、動産の物権（所有権）の公示方法としては例外的なものであると理解しておいてください。

```
（重要ポイント9　物権（所有権）の公示）


　　物権（所有権）　┌　不動産──→登記
　　　の公示方法　　┤
　　　　　　　　　　└　動　産──→占有
```

5　占　有

　このように、動産一般については、その物権（所有権）を公示する方法として「占有」があるわけですが、それでは、占有とは何なのでしょうか。言葉のイメージとしては何となくわかると思いますが、その法的な概念や性質を、ここで整理しておきます。

　占有という言葉自体は、刑法各論における財産犯のところでも出てきました。そして、「刑法上の占有」とは「事実上の支配」であり、それは「所持」ともいわれていました。

　「民法上の占有」も基本的には同じであり、言葉の上での定義では、同様に**「事実上の支配」**であるとされています。ただし、刑法上の占有と民法上の占有は、全く同じものというわけではありません。刑法上の占有の方が、より現実的な「事実上の支配」であり、対して、民法上の占有における「事実上の支配」は、観念的なものを含んだ、評価を含んだ概念であるとされています。「事実上の支配」という同じ言葉を使っていますが、その意味するところは若干異なっているわけです。

　ただし、一方で、刑法上の占有には観念的なものが全く含まれず、現実的、物理的な支配（現実に握持する、あるいは、すぐ傍らに置いておく）だけに限られるのかというと、そういうわけでもありません。例えば、警察大学校内の学生用寮室の中にある物については、教場で講義を受けている学生に刑法上の占有が認められるでしょうし、さらには、出身県の単身用宿舎の中にある物についても、警察大学校内の学生に刑法上の占有が認められる場合もあるでしょう。窃盗罪における占有侵害の限界事例が示しているとおり、刑法上の占有も、ある程度は観念的な、評価を含んだ概念なのです。

　それでは、ここで、再び巻末の「民法条文の体系」を見てください。「第2編　物権」には、物権の具体的な種類が列挙されていますが、そこに「第2章　占有権」というのがあります。前章では、所有権以外の物権については、所有権の3つの権能が分解されて創られた旨説明しましたが、このことは、唯一占有権についてはあてはまりません。占有権という制度は、物を現実に支配しているという事実状態をそのまま保護するために創られた制度であり、所有権等の物権一般からみ

れば、かなり異質な制度なのです。このことゆえ「占有権」として正統な物権の一種と位置付けるよりは、ただ単に「占有＝事実上の支配」であると理解したほうが分かりやすいといえるでしょう（所有権等の物権一般が目に見えない、観念的なものであるのに対し、占有は、原則として目に見える、現実的な事実に基づくものなのです。）。

第4章 物権的法律関係と債権的法律関係

第2章では「契約による所有権の移転」という民法の基本的法律関係（**重要ポイント1**）を基に、それを売買契約の形で具体化した以下の（**基本的設例**）を設定し、その設例における物権についての法律関係と債権についての法律関係をまとめてチャート図にしました（**重要ポイント8**）。

本章では、これらの法律関係がどうなっていくのか、具体的には、どのようなプロセスにより所有権が移転し、債権の内容が実現されて消滅していくのかを、民法の具体的な制度、条文に沿って説明します。

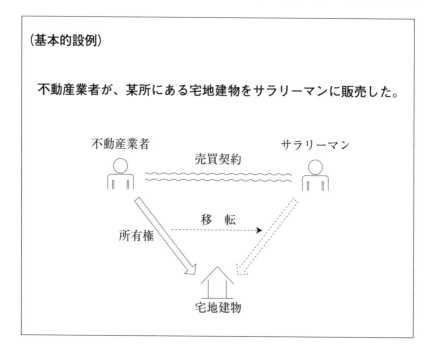

（基本的設例）

不動産業者が、某所にある宅地建物をサラリーマンに販売した。

1　宅地建物（不動産）の所有権の移転

(1)　所有権の移転時期

　宅地建物の所有権はいつ移転するのかという問題であり、これについて定めるのは176条ですので、巻末の「民法重要条文集」を見てください。176条は、所有権その他の物権の移転は**「当事者の意思表示」**のみによって効力を生ずる（すなわち移転する）としています。この**「当事者」**とは、契約の当事者のことであり、宅地建物の所有権を譲り渡す者（不動産業者・売主）と、それを譲り受ける者（サラリーマン・買主）のことです。

　なお、民法では、頻繁に「譲り渡す」あるいは「譲渡」という言葉が使われます。日常用語で「譲渡」という場合には、無償で（ただで）与えるという趣旨が強いのですが、法律上「譲渡」という場合には、有償・無償双方を含んでいます。したがって、売買契約のように、有償で所有権を移転する場合にも「譲渡」という言葉が使われます。また、「有償・無償」という言葉も法律用語ですが、日常用語として使われる場合のイメージで理解してもらえば十分です（「無償」とはただのことであり、「有償」とは有料のことであるという程度で結構です。)。

> **Q**：176条によれば、所有権は「当事者の意思表示」により移転するとされていますが、「意思表示」とは何だったでしょうか。
> 　そして、**基本的設例**（前頁の図）における「当事者の意思表示」としては、何が考えられるでしょうか。

　意思表示とは、字のごとく「意思を表示すること」でした（P 26）。

基本的設例における宅地建物の所有権移転のための意思表示としては、サラリーマンの「この宅地建物を買います（＝代金を払うから、この宅地建物の所有権を私に移転してください）」と、不動産業者の「この宅地建物を売りましょう（＝この宅地建物の所有権をあなたに移転しましょう）」が考えられます。そして、これは契約における意思表示と同じものです**（重要ポイント３）**。要するに、契約における意思表示には、宅地建物の所有権を移転させるための意思表示も含まれているわけです。したがって、176条によれば、

契約時＝所有権が移転する時期

ということになります。

　ただし、ここで**重要ポイント４**を思い出してください。民法を理解するためには、契約成立から契約終了までの時間の流れがある売買契約を想定することが重要でしたが、この典型例が、基本的設例のような宅地建物の売買契約です。このような契約では、契約が成立してから、登記の手続、代金の支払、宅地建物の引渡し等に至り、契約が終了するまで、かなりの時間がかかります。

　ここで、基本的設例において宅地建物の所有権を失う不動産業者の立場で考えてみてください。代金も全てもらっていない、登記の手続も済んでいない、宅地建物の引渡しも済んでいないという状況の中で、契約をしただけで不動産業者が宅地建物の所有権を失うということは（一方で、サラリーマンは、宅地建物の所有権を得てしまうわけですが）、常識的な結論といえるでしょうか。このような結論は、取引社会の常識からは到底認められるものではありません。

　したがって、実際の契約現場では、当事者が取り交わす契約書の中で、宅地建物の所有権がいつ移転するのかを特別に取り決めておくのが普通であり、具体的には、

○　**所有権移転登記時に所有権が移転する**

○　**代金完済時に所有権が移転する**

等の規定（特約）が契約書の中におかれることがほとんどです。

　そして、以上の**176条**についての説明は、**宅地建物等の不動産だけではなく、動産についても同様にあてはまります**。なぜなら、176条は「物権の設定及び移転」とし、後ほど説明する177条・178条とは異なり、動産・不動産の区別をしていないからです。

Q：契約当事者の一方が、他方を、契約の目的物を横領したとして告訴してくることがあります。

　　例えば、告訴人の主張が、

　　「被告訴人は、契約の目的物の所有権が私（告訴人）にあるにもかかわらず、その目的物を占有していたことを利用し、それを第三者に売却してしまった」

というようなケースを想定した場合、その擬律にあたっては、どのようなことに留意すればよいでしょうか。

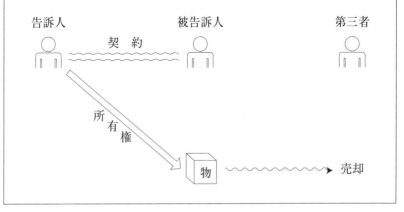

　不動産の二重売買等における横領罪の擬律の問題も、この問題と構造的には同じものです^(注27)。この場合、被告訴人に横領罪が成立するの

か否かは、目的物の所有権が告訴人に帰属しているのか否かにかかってきます（思い出した方もおられるでしょうが、「第1章　捜査と民法」の〔設例1〕（P2）においても同様の話がありました。）。そして、目的物の所有権が誰に帰属しているのかを明らかにするためには、まずは告訴人・被告訴人間の契約書をしっかりと精査し、目的物の所有権移転について定めた特約条項を探し出すことが肝要となってきます。

図1

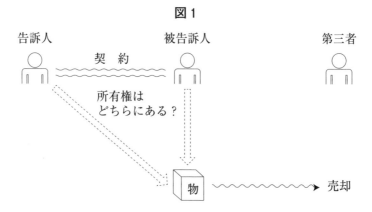

（重要ポイント10　所有権の移転時期）

　原則……176条により、契約時に所有権は移転

　　　　しかし

　所有権の移転については、契約書に別に特約として定められていることが多いので、注意が必要である。

(2) 所有権の公示と対抗

　最初に確認しておきます。

> **Q**：不動産の所有権の公示方法は何だったでしょうか。

　所有権を中心とする物権については、**「排他的支配性」**という強い力があるために、その存在を公に示しておく（公示する）必要がありました（P42）。そして、不動産の所有権を公示する方法は、登記でした**（重要ポイント9）**。

　さらに、民法は、登記等の公示をしなかった者に不利益を被らせることにより、公示の徹底を図っています。不動産の物権（所有権）については177条が、動産の物権（所有権）については178条が、このことを規定しています。

　まずは、巻末の「民法重要条文集」の177条を見てください。この177条の規定を、基本的設例にあわせて、分かりやすく読み直せば、

　　「サラリーマンは、宅地建物の所有権を得たことを登記しなければ、これを第三者に対抗できない」

ということになります。

　ここで、**「第三者」**と**「対抗」**という2つの重要な法律用語が出てきました。**「第三者」**とは、正確には「当事者及びその包括承継人以外の者」と定義されますが、分かりやすく**「当事者以外の者」**と理解してもらえば十分です。なお、当事者とは、契約の当事者のことであり、不動産業者とサラリーマンのことでした。**「対抗（する）」**とは、日常用語に即して平たくいえば**「主張する」**ということです。

　以上のことを基本的設例にあてはめますと、「宅地建物の所有権を得たサラリーマンは、このことを（自分が所有者であることを）、当事者である不動産業者には主張できるが、登記をしていなければ、このことを（自分が所有者であることを）不動産業者以外の者に対しては主張できない」ということになります。次の図を見てください。

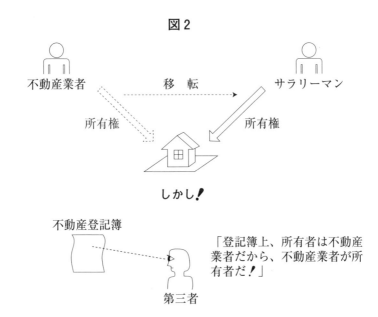

図2

宅地建物の所有権は、不動産業者からサラリーマンに移転している
のですが、両者以外の者（第三者）は、宅地建物の所有権がサラリー
マンではなく、不動産業者にあるものとして扱ってよいということに
なります。第三者の立場としては、社会一般に示される公示手段であ
る登記がいまだ不動産業者にあり、不動産業者とサラリーマンとの間
の所有権移転（契約）を知ることなどできないわけですから、登記の
ある不動産業者を所有者として扱うほかないわけです。以上のように、
宅地建物の所有権を取得する立場の者（サラリーマン）にとっては、
176条による所有権の移転だけではなく、さらに、177条による登記が
なければ、社会万人に対して、自分が所有者であると認めてもらうこ
とができません。したがって、不動産の所有権の移転については、登
記を行うことが極めて重要になってくるわけです。

　実際の所有権移転の登記は、次の図のとおりです。

図3

権　利　部　（　甲　区　）　（所有権に関する事項）			
順位番号	登記の目的	受付年月日・受付番号	権利者その他の事項
1	所有権保存	平成8年9月5日 第10XX1号	所有者　八王子市山田町1005番地 　　　　大森太郎
2	所有権移転	平成12年7月18日 第8XX7号	原因　平成12年7月18日売買 所有者　東京都文京区小石川5丁目17番3号 　　　　東方陽子
3	所有権移転	平成16年1月26日 第8XX号	原因　平成15年11月4日相続 所有者　東京都文京区小石川5丁目17番3号 　　　　東方明

　順位番号2に、

　　　所有権移転

　　　原因　平成12年7月18日売買

とあります。これは、売買契約により当該不動産の所有権が移転した
ことを示しており、新所有者は東方陽子であり、旧所有者は大森太郎
です。大森太郎を売主、東方陽子を買主とする売買契約により、当該
不動産の所有権が移転したわけです。

　順位番号3には、

　　　所有権移転

　　　原因　平成15年11月4日相続

とあります。これは、相続により当該不動産の所有権が移転したこと
を示しており、東方陽子の所有していた当該不動産を、東方明が相続
しました。

　なお、順位番号1には、「所有権保存」登記がなされていますが、こ
れは不動産について最初になされる所有権の登記のことであり、この
保存登記が、その後になされる移転登記の前提となります。

Q：動産の所有権の公示方法は何だったでしょうか。

動産の所有権を公示する方法は、占有でした（**重要ポイント9**）。

そして、民法は、今まで説明してきた177条と同様の趣旨で、動産については178条の規定をおいています。巻末の「民法重要条文集」の178条を見てください。177条と178条の基本的な構造は、ほぼ同じです。177条の「不動産」という言葉を「動産」に、「登記」という言葉を「引渡し」に置き換えれば、それはほとんど178条と同じものになります。「引渡し」という言葉は、法的には「占有の移転」と定義されますが、要するに、公示方法である占有を得ていなければ、所有権を得たことを第三者には対抗できないということです。

（重要ポイント11　所有権移転の構造）

176条による所有権の移転
＋
177条・178条による公示（登記・占有）
　　　　　　⟹　**第三者にも対抗可**

○　**第三者＝当事者以外の者**
○　**対抗できない＝主張できない**

（注27）　拙稿であることをお断りした上で「捜査における民商事の必要性」警察学論集66巻11号（2013年）114頁以下を引用します。〜横領罪の擬律判断において所有権の帰属が問題となる典型的なケースとして教科書等でもよく取り上げられるのは不動産の二重売買であろう。以下、説明の便宜上不動産の二重売買の具体的な流れを示しておく。

〔設例1〕
　　①　ある土地を所有するA（売主）が、その土地をB（第一の

買主）へ売却した（A・B間における売買契約の成立）。

②　本来であれば、AとBにより当該土地の所有権移転登記（登記簿上所有権がAからBへ移転）がなされるところ、それがなされていなかった。

③　Aは、そのことを奇貨とし、当該土地をC（第二の買主）にも売却することを思いつき、Bへの売却事実を秘して当該土地の売却話をCに持ちかけ、情を知らないCは、Aから当該土地を購入した（A・C間における売買契約の成立）。

④　Cへの売却と同時に、AとCにより当該土地の所有権移転登記（登記簿上所有権がAからCへ移転）がなされた。

民法上当該土地の所有権については、対抗要件である登記を得たCが取得する（民法177条）。

刑法上A（売主）の行為については、いくつかの財産犯の成否が問題とされるところ、その主要なものとしては、「AによるB（第一の買主）に対する横領罪（不動産）の成否」が挙げられる[1]。当該土地を一旦はBに売却したAが、不動産登記簿上はいまだ自己が所有権者になっていることを奇貨とし、自己が所有権者であるかのようにふるまい、当該土地をCに売却した行為について、Bに対する関係で当該土地を客体として「自己（A）の占有する他人（B）の物」を横領（売却横領）したといえるのかという問題である。

「自己（A）の占有する」については、横領罪における「占有」は、「事実上の支配」に加えて「法律上の支配」も含むとされており、不動産登記簿上所有権者である（所有権の登記名義人である）ということは、その者に占有（法律上の支配）が認められるとされている[2]。

「他人（B）の物」については、当該土地の所有権がBに帰属していたのか、すなわちA・B間の売買契約により所有権が移転していたのかが問題となる。これについて民法176条は、「物権の設定及び移転は、当事者の意思表示のみによって、その効力を生ずる。」[3]と規定していることから、売買契約[4]においては、契約の当事者である売主と買主の意思表示によって契約目的物の所有権が移転するということになる。そして、売主の「この土地を売

りましょう」という意思表示と買主の「この土地を買いましょう」という意思表示が合致することによって売買契約が成立することから、結局は、売主と買主の意思表示が合致して契約が成立した時に所有権が移転するということになる。〔設例1〕においては、①の売買契約成立時に当該土地の所有権はAからBに移転することになるので、「Aの占有するBの物」をAがCに売却することによって横領した、というのが一般的に理解されているところであろう5)。

しかし、一方で捜査実務においては、不動産の二重売買を横領事件として立件することはほとんど聞かれない。このことは、不動産取引の実務上売買契約書中に所有権移転の特約条項が置かれていることに理由がある。例えば〔設例1〕においてA・B間の売買契約書中「所有権移転登記時に所有権が移転する」旨の特約条項があった場合には、AからBへの所有権移転登記がなされてない以上、AからBへ所有権が移転することもない。したがって、横領罪における「他人（B）の物」という要件が欠け、当該土地をAがCに売却したとしても「自己（A）の占有する自己（A）の物」をCに売却したにすぎないことから、横領罪の成否が問題になることもない6) 7)。民事絡みの事件において告訴人と被告訴人との間で契約関係が存在する場合、まずは契約関係書類を精査することが重要であるとされるところ、複雑な契約関係書類を精査する際の一つの着眼点として、所有権移転特約条項を見つけだしてその内容を明らかにしていくということが挙げられよう。

1) 〔設例1〕においては、③の段階に至ってAにBへの犯意が生じているが、これが当初からAにBへの犯意があり、Cに売却する意図でありながらその情を秘してBと契約したのであれば、Bに対する売買代金を客体とした詐欺罪が問題となる。

2) 最判昭和30・12・26刑集9巻14号3053頁等。

3) 物権の中でもその代表格は所有権であることから、この条文については「所有権の移転は、当事者の意思表示のみによって、その効力を生ずる。」と読めばわかりやすい。

4) 売買契約については、民法555条が「売買は、当事者の一方がある財産権を相手方に移転することを約し、相手方がこれに

対してその代金を支払うことを約することによって、その効力を生ずる。」と規定する。この条文中の「ある財産権」については、「所有権」を念頭におけばわかりやすい。

5)　山口厚『刑法各論（第 2 版）』〔補訂〕（有斐閣、2012年）298頁は、「動産・不動産の売買の場合、売買契約の成立により所有権は移転するから（民176条：意思主義の原則。不動産について登記、動産について引渡しは対抗要件である）、売主Ａが動産又は不動産を（第 1 譲受人）Ｂに売却後、同一物をさらに（第 2 譲受人）Ｃに売却し、Ｃが対抗要件（登記又は引渡し）を備えたという二重売買の事案においては、委託物横領罪が成立すると解するのが判例（大判明治30・10・29刑録 3 輯139頁〔動産〕、最判昭和30・12・26刑集 9 巻14号3053頁〔不動産〕など）及び通説の見解である」とした上で、有力説として、Ｂに保護されるべき所有権の実質があることを必要とする見解も挙げる。

6)　中西武夫『新訂　民事・刑事事件の限界』（令文社、2000年）91頁、山口・前掲注5) 298頁。

7)　所有権移転の特約は、民法176条の「当事者の意思表示」そのものといえる。幾代通・遠藤浩編『民法入門（第 6 版)』（有斐閣、2012年）49頁。～

2　動産一般の所有権の移転

(1)　176条と178条

（重要ポイント 8　基本的設例における物権と債権) によれば、次は金銭（販売代金相当額）の所有権の移転についての説明となりますが、金銭の所有権移転については特殊な問題があり、これは動産一般の所有権移転制度全体からみれば、例外的な話となります。したがって、金銭の所有権移転についての説明をする前に、原則論的な話である、動産一般についての所有権移転について説明することにします。

ただし、その基本的な内容は、既に前節でも説明したとおりです。

所有権の移転そのものについては、契約時（あるいは特約時）に移転しますが、そのことを第三者に対抗するためには、公示手段である占有を得ておく必要がありました（**重要ポイント10・重要ポイント11**）。

　しかし、動産の所有権を公示する方法として「占有」を考えた場合、はなはだ心もとないものがあります。なぜなら、動産を占有している者が、必ずしも常にその動産の所有者であるというわけではなく、例えば、その動産を預かっているだけの者には所有権はありません。このように、占有は、公示手段として完全に機能しているわけではないのです。

図4

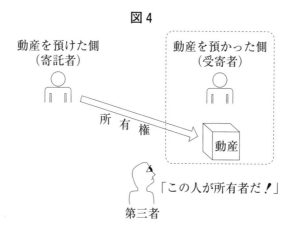

※　物を預けるという行為は、民法上「寄託」と呼ばれており、これは契約の一種です（657条）。寄託契約については、「第5章　金銭をめぐる問題」で詳しく説明します。

　なお、上図のような状況は、「寄託」だけではなく例えば「賃貸借」（601条、P111）においても現出します。これは物の貸借（貸し借り）を内容とする契約であり、所有権を有する左側の人は「動産を貸した側（賃貸人）」、占有している右側の人は「動産を借りた側（賃借人）」ということになります。

　そして、占有が公示手段として完全に機能しているわけではないという問題は、次のような場合に、より顕在化することとなります。

図5

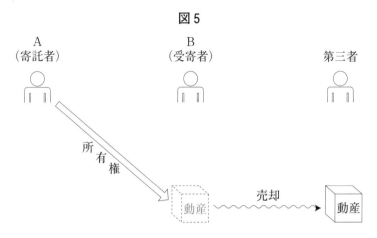

　例えば、動産を預かっているBが、第三者に対し、預かった動産を自己の物であると偽って売却してしまえば、その動産の所有権はどうなるのでしょうか。刑法上は、Bの行為は横領罪で問擬されることになります（「第1章　捜査と民法」の〔**設例1**〕（P2））。ここで問題にしているのは、横領行為（第三者への売却）の結果、民法上動産の所有権がどうなるのか、より具体的には、第三者が動産の所有権を取得するのか（Aが所有権を失うのか）否かということなのです。この問題を考える前提として、「**無権利の法理**」という民法上の大原則について説明しておかなければなりません。

(2)　所有権移転についての大原則（無権利の法理）

　176条によれば、所有権の移転は、意思表示（契約）によりなされますが、このことには前提があります。すなわち、所有権を移転させることができるのは、所有権があるからこそ可能なわけであり、元々所有権がなければ、所有権を移転させることも不可能なのです。「**無**

権利者（所有権のない者）からは権利（所有権）を得ることができない」のであり、このことは言われてみれば当然のことなのですが、民法を学ぶ過程において案外見落としがちなことですので注意が必要です（あまりにも当然なことなので、このことを規定する条文もありません。）。そして、これは「**無権利の法理**」と呼ばれ、民法上の大原則とされています。

「契約による所有権の移転」という民法の基本的法律関係を説明した**重要ポイント1**を再掲します。

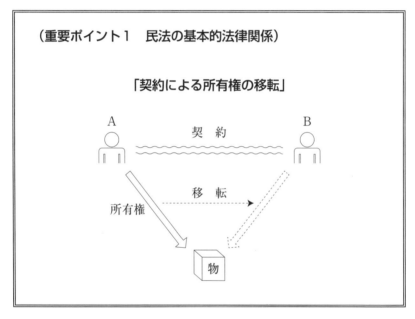

このように、Aは、対象物についての所有権を有しているからこそ、その所有権をBに移転することができるわけです。したがって、次の図のように、Aに元々所有権がなければ、その所有権をBに移転することもできませんし、また、Bも、Aからその所有権を得ることはできません。

図 6

この場合、AがBに所有権を移転しようと思えば、Aは、まずXから所有権を取得し、その後に、Bに所有権を移転するしかありません。この**無権利の法理**は、民法上の大原則であり、動産・不動産を問わず、**所有権の移転**については、この大原則が支配しています。

(3)　例外としての動産の即時取得制度（192条）

それでは、再度P61の図5に戻ってください。無権利の法理によれば、預かっているBに所有権がない以上、第三者がその所有権を取得することもないということになります。

しかし、この結論に現実的な妥当性があるでしょうか。特に、動産を対象とする契約は、不動産に比べて極めて頻繁に行われています（例えば、食料品、日常品等の売買）。そして、これらの契約において、その動産を占有している者が必ずしも常に所有者であるとは限らないという理由で、無権利者（所有権のない者）と契約した者に所有権の取得を認めないということであれば、私たちは安心して種々の動産を買うことなどできなくなってしまいます。

したがって、民法は、動産を対象とする契約については、一定の要件の下で無権利の法理の例外を認め、所有権のない者と契約した場合であっても、その公示方法（占有）を信頼して契約した者には、所有

権の取得を認めているのです。これが動産の即時取得制度であり、192条がその要件を定めていますので読んでみてください（巻末「民法重要条文集」）。192条の中で「**善意**」という法律用語が出てきますが、これは「**知らない**」ということであり、P61の図5において、第三者が、Bが無権利者である（Bには所有権がない）ということを知らないということです。192条によれば、Bに所有権があると過失なく信じて契約した第三者は、引き渡された動産の所有権を取得することになります。

図7

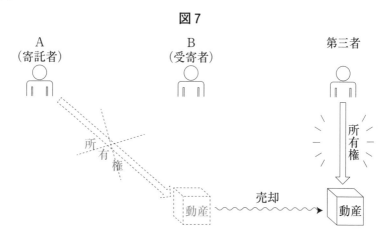

このように、無権利の法理の例外として、動産については即時取得の制度があり、192条の要件の下、公示方法である占有を信頼して取引した者には、公示どおりの権利が認められることになります。

しかし、他方で、不動産については、このような制度はありません。即時取得の制度は、占有が公示手段として機能していないため、取引の安全（第三者の立場）を考慮して、その機能不全を補うために生まれた制度なのです。したがって、不動産登記のように公示制度として完備したものがあり、それがしっかりと機能している場合には、民法上の大原則である無権利の法理の例外を認める必要もありません。同

様の理由で、動産であっても、自動車等のように登記・登録制度の完備されたものについては、即時取得制度は適用されません（P40）。

　また、占有が公示手段として機能しておらず、これを即時取得制度が補っているということは、実際の動産取引では、178条よりも、192条のほうが重要な役割を果たしているということでもあります。177条が、不動産取引において重要な役割を果たしていることとは対照的です。

　なお、AがBに物を預けたのではなく、AがBに物を盗まれた場合においても、P61の図5と同様の構図が現出しますが、このような場合には、第三者の即時取得が制限される場合があります（193条・194条）。また、古物営業法と質屋営業法は、194条の特則を定めています。

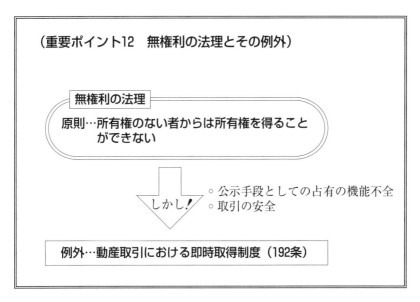

（重要ポイント12　無権利の法理とその例外）

無権利の法理

原則…所有権のない者からは所有権を得ることができない

しかし！　◦公示手段としての占有の機能不全
　　　　　◦取引の安全

例外…動産取引における即時取得制度（192条）

3　金銭の所有権の移転

　金銭も物であり、動産の一種ですが、金銭の所有権については、他の動産の所有権とは異なる特殊性があります。それは、**金銭の所有権が原則として占有とともに移転する**とされていることです。

　私たちが金銭を扱う場合、「この千円札、あの千円札」と特定しないように（千円札なら何でもいいように）、そもそも金銭については、社会生活上「物」としての個性がありません。すなわち、金銭は物というよりも、価値そのものであり、価値は所在に随伴するものとして「占有＝所有権」であるとされています。したがって、動産について今まで説明してきた理論（176条・178条・192条）は、原則として、金銭にはあてはまらないことになります。

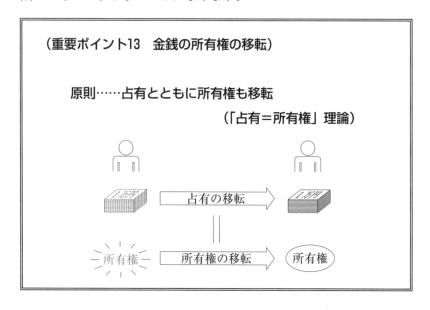

4　宅地建物引渡請求権・金銭支払請求権（債権）の消滅

　宅地建物引渡請求権や金銭支払請求権を含めた債権一般についての民法上の概念整理を行った上で、債権が消滅するプロセスについて説明します。

(1)　債権（引渡債務）の概念整理

　債権は、契約により発生しましたが**（重要ポイント3）**、個々具体的な債権の中身については、個々の契約により決められることから千差万別でした（**契約自由の原則**の現れ）。ただし、財産に関する契約を考えた場合、債権の中身として最も一般的なものは「物の引渡し」であり、これは「引渡債務」と呼ばれていました**（重要ポイント7）**。

　そして、引渡債務については、以下のような分類がなされます。

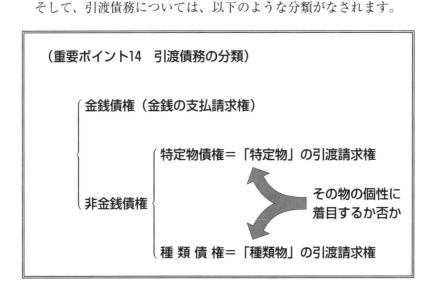

　まず、その物の個性に着目するか否かにより、特定物の引渡請求権である**特定物債権**と、種類物の引渡請求権である**種類債権**とに分類さ

れます。例えば、不動産や骨董品等の売買については、物自体の個性に着目して契約がなされますが、このように特定の物（**特定物**）の引渡しを目的とする債権のことを特定物債権といいます。一方、新品のテレビ1台を注文するように、物の個性に着目せず、同じ種類の物（**種類物**）を契約の目的物とする場合、その物（種類物）の引渡しを目的とする債権のことを種類債権といいます。

　そして、**重要ポイント14**では、特定物債権と種類債権とを併せて非金銭債権とし、非金銭債権と相対する概念として金銭債権を挙げています。しかし、ここまでの説明を読まれた方の中には、

　　「前節では、金銭は価値そのものであり、物としての個性がないという説明を受けた。そうであるならば、金銭こそ種類物であるから、金銭債権については種類債権の一種と位置付けるべきではないのか。

　　そうすれば、非金銭債権という概念も不要になるのではないのか」という疑問を抱いた方もおられると思います。この疑問はもっともなのですが、金銭の場合には物としての個性がまったく問題にされず、種類物よりも、さらに抽象度が高い（まさに価値そのものなのです）ことに加え、金銭の支払請求権という民法上の権利は、現代の社会経済活動において極めて重要な役割を果たしていることから、種類債権とは別に「金銭債権」という概念で整理されているのです。

　なお、私たちが金銭に関する財産関係で最も重要視するのは預金です。預金とは、銀行等の金融機関に金銭を預ける（666条による金銭の消費寄託のことですが、ここでは単純に「金銭を預ける」という程度の理解で結構です。詳細は「第5章　金銭をめぐる問題」参照）ことであり、私たち預金者は、金銭を銀行等に預けることにより、その金銭の所有権を失いますが、その代わりに、銀行等に対して預金債権（金銭債権）を取得します。

　以上、（**重要ポイント8　基本的設例における物権と債権**）における

債権を分類整理すれば、「宅地建物引渡請求権」は特定物債権、「金銭支払請求権」は金銭債権ということになります。

(2)　弁済による債権の消滅

　物権とは、物を支配する権利のことであり、債権とは、人に請求する権利のことでした（**重要ポイント5**）。

　例えば、所有権者は、その所有物を全面的に支配し、自由に使用・収益・処分することができましたが（**重要ポイント2**）、この過程において、所有権者は誰の協力も必要としません。物の支配とは、あくまでも人と物との関係であり、他人の協力がなくても、人は物を支配できるわけです。

　しかし、一方で、債権は人に請求する権利であり、「人に請求する」ということは、結局、人（相手方すなわち債務者）の協力なくしては、債権は目的を達することができません。したがって、引渡債務については、債務者が債権者に協力して契約どおりの物を引き渡せば、債権は目的を達し、消滅します（債権が消滅すれば、当然それと表裏の関係にある債務も消滅します。）。そして、このことを民法では「**弁済**」と呼んでいます（473条）。

　なお、日常用語としての「弁済」は、金銭の支払を意味することがほとんどですが、法律用語としての「弁済」は、金銭の支払だけに限られず、物の引渡し一般を意味します。また、「弁済」とは別に「**履行**」という法律用語もありますが、両者は同義と考えていただいて結構です。

（重要ポイント15　債権・債務のプロセス）

債権・債務の発生（重要ポイント3）
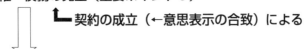
　　　　┗━契約の成立（←意思表示の合致）による

債権・債務の消滅
　　　　┗━弁済（＝契約どおりの物を引き渡すこと。履
　　　　　　行）による

　（**重要ポイント8　基本的設例における物権と債権**）における「金銭支払請求権」（金銭債権）については、サラリーマンが不動産業者に金銭（販売代金相当額）を支払うことにより消滅します。また、「宅地建物引渡請求権」（特定物債権）については、不動産業者がサラリーマンに宅地建物（特定物）を引き渡すことにより（実際の取引では鍵の引渡しによる）消滅します。

第 5 章　金銭をめぐる問題

　第 1 章においては、民法上の法律関係が絡んだ事件の擬律判断で悩むことが多いものの代表例として横領罪を挙げました。これは、横領罪の保護法益が「所有権」であり（当然「占有」ではありませんし、なお「本権」一般でもありません。）、横領罪の成否を検討するにあたっては、対象物の所有権が誰に帰属しているのかを判断することが前提となるからでした。

　一方で、金銭の所有権については、第 4 章で説明したとおり特殊な問題（「占有＝所有権」理論）があることから、金銭の横領については、このことを踏まえた上で、金銭を「金額」として捉える考え方（刑法上の概念）により、横領罪の擬律判断を行う場合もあります。本章では、この問題を取り上げます。

1　問題の所在（設例の設定）

〔設例〕

　Aは、Bに現金500万円を預けた。

　Bは、しばらくの間、その500万円を自宅のタンスに保管していたが、生来の遊興好きな性格から、保管していた500万円を自己の飲食遊興費に遣ってしまった。

　※　金銭横領の捜査においては、使途先の解明が必要不可欠であることから、設例のようなケースでは、飲食遊興先を逐一つぶ

> していかなければなりませんが、このような労多く地道な捜査
> を遂げ、使途先が解明されたことを前提にしてください。

横領罪の構成要件は、「自己の占有する他人の物を横領」することで
した（刑法252条1項、巻末「詐欺罪・横領罪・背任罪」）。奪取罪と
は異なり、占有侵害を構成要件の内容にしておらず（「自己の占有す
る」）、一方で、所有権侵害を構成要件の内容にしていることから（「他
人の」）、設例における横領罪の擬律を判断するにあたっては、

　○　Bに現金500万円についての占有があるのか（「自己の占有す
　　る」）

　○　Aに現金500万円についての所有権があるのか（「他人の」）
を検討していく必要があります。

占有については、刑法と民法では若干の違いがありましたが（P46）、
刑法上の擬律判断においては、あくまでも刑法上の占有の有無につい
て判断していかなければなりません。そして、刑法上の占有は、財産
犯の根幹をなす刑法独自の概念であり（財産犯の中核を占めるのは奪
取罪ですが、その実行行為の基本は「占有」侵害です。）、それは**「事
実上の支配」**を意味します。設例におけるBの占有の有無については、
BはAから現金500万円を手渡され、それを自宅のタンスに保管して
いたことから、Bには現金に対する事実上の支配（刑法上の占有）が
認められます。

なお、設例で問題となる横領罪は、委託物横領罪（刑法252条1
項）であることから、Bの占有がAの委託に基づくものであることが
必要ですが、この「委託関係」の要件については、かなり幅広く認め
られる傾向にあります。設例については、問題なく「委託関係」が認
められます。

一方、所有権については、本来民法上の概念であることから、所有

権の帰属は民法理論により決せられ、**刑法上の判断も原則として民法理論に従うことになります**（P4）。そうしますと、金銭所有権についての「占有＝所有権」理論により（**重要ポイント13**）、AがBに現金500万円を手渡し、Bがその現金を自分の事実上の支配下におく（占有下におく）ことにより、現金の所有権は、AからBに移転することになります。したがって、現金500万円については、「Bの占有するBの物」ということになり、Bがこれを不法に領得しても横領罪は成立しないことになってしまうのですが、これは随分奇妙な結論です。

2　寄託契約と所有権の帰属

　設例では、単に「Aは、Bに現金500万円を預けた。」としましたが、実は金銭を預ける形態については、民法上いくつかのパターンが考えられます。したがって、設例についても、それぞれのパターンごとに横領罪の成否を検討していかなければなりません。そして、その前提として、物を預ける行為——これは民法上**「寄託」**と呼ばれており、**契約の一種**なのですが——この寄託契約の基本的な構造や考え方を説明しておきます。

　巻末の「民法条文の体系」を見てください。「第3編　債権」の「第2章　契約」には、「第2節　贈与」から「第14節　和解」まで13種類の契約が並んでいますが、寄託については、「第11節　寄託」として657条から666条までの規定があります。寄託の定義については、657条が規定していますので、同条を読んでほしいのですが（巻末「民法重要条文集」）、これを一言でいえば**「物の保管」を内容とする契約**のことです。そして、寄託における保管物の所有権の所在については、寄託があくまでも「物の保管」を内容とする契約であることから、その所有権は、本来の所有者である寄託者にとどまったままです（物を

預けた方を「寄託者」、物を預かった方を「受寄者」といいます（P60）。）。

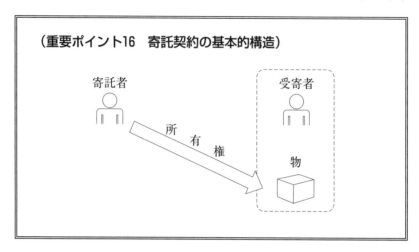

（重要ポイント16　寄託契約の基本的構造）

寄託者

受寄者

所　有　権

物

　さらに、民法は、他にも特殊な形態の寄託を規定しており、それは消費寄託（666条）と呼ばれるものです。消費寄託とは、字のごとく**保管した物を消費できる寄託**のことであり、受寄者は、預かった保管物を消費できますが、期限が到来すれば、消費した保管物と同種・同等・同量の物を寄託者に返還しなければなりません。かつては米、麦等の穀類を目的物とした消費寄託も散見されましたが、現代社会においては、消費寄託の存在意義は**金銭消費寄託**にあり、特に銀行を受寄者とする金銭消費寄託である**銀行預金**は、社会経済活動において非常に重要な役割を果たしています。

　そして、消費寄託における保管物の所有権は、受寄者に移転します。**受寄者に保管物の所有権が移転するからこそ、受寄者は、保管物を自由に消費することができる**わけです。

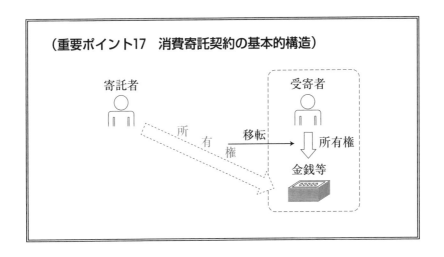

（重要ポイント17　消費寄託契約の基本的構造）

寄託者　　　　　　　　　　　　受寄者

所有権　　　移転　　　　所有権

金銭等

3　金銭の寄託と横領罪の擬律

　以上のことを前提にして、設例におけるＡＢ間の金銭の寄託をいくつかのパターンに分けて（ＡＢ間の金銭寄託の趣旨をより具体的なものにして）、Ｂの横領罪の成否について検討していきましょう。

　1番目は、**ＡＢ間の寄託が消費寄託（金銭消費寄託）であった場合**です。ＡがＢに現金500万円を預けるにあたって、その趣旨が、保管中現金を自由に消費してもよく、期限が到来すれば、別に現金を用立てして返還すればよいという内容であった場合です。この場合には、現金の所有権は、寄託により受寄者であるＢに移転することから**（重要ポイント17）**、横領罪の構成要件にあてはめた場合、「Ｂの占有するＢの物」ということになってしまい、Ｂの行為について横領罪は成立しません。

　なお、このケースにおいて、期限が到来してもＢが返還できない場合には、Ｂの民事上の債務不履行責任（「第7章　債務不履行」）が問題となります。

　2番目は、**ＡＢ間の寄託が純粋に現金の保管を内容とするもので
あった場合**です。このような場合には、AがBに現金を預ける際には、
通常**封金**の形態で交付されるでしょうし、寄託の趣旨は、封金を預
かったBが、そのままの状態で期限まで保管しなければならないとい
うものでしょう。

　この場合には、封金の所有権は、誰に帰属するのでしょうか。「占有
＝所有権」理論について説明した**重要ポイント13**には「**原則…占有と
ともに所有権も移転**」とありました。しかし、金銭所有権について「占
有＝所有権」理論が適用されるのは、金銭に「物」としての個性がな
く、価値そのものとして扱われているためでした（P66）。このこと
は反面、例外的に、金銭が交換価値というよりも、むしろ個性のある
「物」として扱われている場合には、まさに「特定の物」として動産
一般と同じ扱いを受けることになります。

　このことを**重要ポイント13**に付け加えておきます。

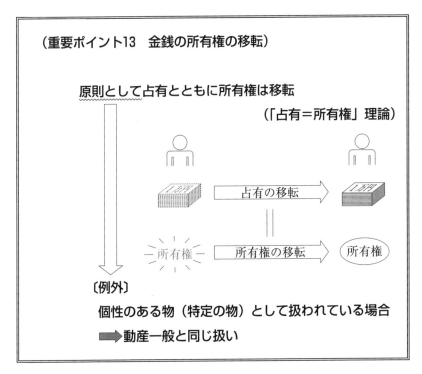

（重要ポイント13　金銭の所有権の移転）

原則として占有とともに所有権は移転

（「占有＝所有権」理論）

占有の移転

所有権の移転

所有権

〔例外〕

個性のある物（特定の物）として扱われている場合

➡動産一般と同じ扱い

　そして、このパターンの場合には、金銭が動産一般として扱われる結果、通常の「特定の物」の寄託と同様に、金銭の所有権は、寄託者Aにとどまったままなのです**（重要ポイント16）**。したがって、これを横領罪の構成要件にあてはめた場合、「Bの占有するAの物（＝自己の占有する他人の物）」ということになります。ただし、より正確には、刑法上封緘されている物の中身については、寄託者に占有が残るとされていますので、封を解いて中身の現金を不法に領得すれば、寄託者の占有を侵害したものとして窃盗罪が成立します。一方で、封を解かずに封金全体のまま不法に領得すれば（あまり現実的ではありませんが）、横領罪が成立します。

　３番目は、**ＡＢ間の金銭寄託が寄託の趣旨にとどまらず、委任の趣**

旨を含んだものであった場合です。金銭横領事件として捜査で扱うことの多いのは、通常このケースでしょう。

ここで「委任」という言葉が出てきましたが、これも寄託同様、契約の一種であり、「第3編　債権」の「第2章　契約」の中には、「第10節　委任」として643条から656条までの規定があります（巻末「民法条文の体系」）。委任の定義については、643条が規定していますので、同条を読んでほしいのですが（巻末「民法重要条文集」）、これを一言でいえば「契約等の事務処理」を内容とする契約のことです。例えば、不動産を購入予定の人が、不動産実務に精通している人に、交渉から売買契約までの処理を依頼すること等がこれにあたります。そして、寄託と委任とは似通った契約制度であることから、民法は、委任に関する規定を寄託に準用しています（665条）。

委任の趣旨を含んだ寄託とは、受寄者が寄託者から契約等の処理を委任されて契約代金を預かる場合等のことであり、例えば、設例において、寄託者Aが不動産購入を予定し、その契約等の処理を委任するとともに、不動産購入の支払代金に充ててもらう趣旨で、金銭を受寄者Bに寄託すること等がこれにあたります。この場合における金銭の寄託は、消費寄託でもなければ、保管のための寄託でもなく、「使途を限定した金銭の寄託」と呼ばれています。

それでは、この場合における金銭所有権の帰属については、どう考えればよいのでしょうか。寄託された金銭は、契約代金として支払われることを予定されており、まさに価値そのものとして扱われていることから、民法上は「占有＝所有権」理論が原則どおりに適用され、金銭の占有者である受寄者が、金銭の所有権を取得すると解されています（重要ポイント13）。そして、これを前提にすれば、このケースについて横領罪の成立する余地はないことになります。

しかし、刑法上はこのケースについては、寄託者に金銭の所有権が

とどまったままであると解されており、したがって、受寄者による不法領得行為については、横領罪が成立すると解されています（判例・通説）。このように、**「使途を限定した金銭の寄託」**については、民法上の所有権の帰属と、刑法上の所有権の判断が異なる典型的なケースであるとされており、同様の例としては、「委任者のために受領した金銭」等が挙げられます。

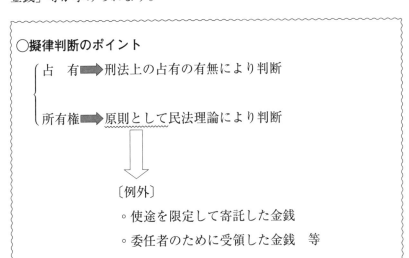

○**擬律判断のポイント**

占　有 ➡ 刑法上の占有の有無により判断

所有権 ➡ 原則として民法理論により判断

⬇

〔例外〕
  ◦ 使途を限定して寄託した金銭
  ◦ 委任者のために受領した金銭　等

　以上の説明からお分かりいただけたとおり、設例のような単純な事例を横領罪で問擬するような場合であってもハードルはあり、これを乗り越えるためには、**当事者間の金銭寄託の趣旨──すなわち告訴事件等でよくいわれる契約の趣旨──を明らかにすること**が重要となります。

4　金銭を「金額」として捉える考え方

　封金のように金銭が個性ある特定の物として寄託された場合は別ですが、それ以外の形態の金銭寄託については、寄託された金銭が受寄

者の金銭と混じり合う（受寄者の財布、自宅の金庫等の中で物理的に混じり合う、あるいは受寄者が管理のために自己の預金口座に入金する等）ことも十分にありえます。このことは、「使途を限定した金銭の寄託」についても同様なのですが、この場合に横領罪の成立を認めようとすると、客体（財物）である金銭（紙幣等）の特定が問題になってきます。物を横領したという犯罪事実を認定する以上、具体的に特定された何を横領したのかを明らかにしなければなりません。このことを踏まえ、「使途を限定した金銭の寄託」の場合等について横領罪の成立を認めるための刑法上の理論的根拠として、**金銭を金額として捉える考え方**が有力になっています。これは、特定された金銭（紙幣等）について所有権を認めるのではなく、**一定額内の不特定な金銭（金額）について所有権を認めていこうという考え方**です。私たちが金銭を扱う場合、通常問題にするのは個々の特定された金銭（紙幣等）ではなく、「金額」の方ですので、このような実情にも合った考え方といえるでしょう。

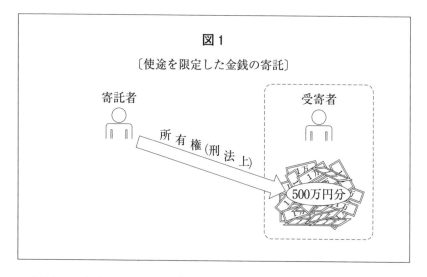

図1

〔使途を限定した金銭の寄託〕

寄託者

所有権(刑法上)

受寄者

500万円分

判例は、次章で説明する**「預金による金銭の占有」**概念を採ること

により、銀行の支配する不特定物たる金銭について、預金者に預金額限度内での占有を認めています。図1における受寄者を「銀行」に、寄託者を「占有者（預金者）」に置き換え、「所有権」を「占有」にすれば、「預金による金銭の占有」概念についてイメージしていただけると思いますが、この考え方は、まさに金銭を「金額」として捉える考え方であるといえます（P89の図）。このように、横領罪の客体としての金銭を「金額」として捉えた場合、捜査の現場で問題になることの多い「一時流用」あるいは「被疑者の資力の捜査」といった問題が、より理解しやすいものになるのではないかと思われます。

5　金銭横領の捜査上の留意点

Ｑ：〔設例〕におけるＡＢ間の金銭寄託の趣旨を明らかにしたところ、「使途を限定した金銭の寄託」であったことから、Ｂの行為を横領罪で問擬すべく捜査を進めることにしました。
　　その捜査の過程において、Ｂから「預かった現金を自己の飲食遊興費に遣ったのは事実だが、これは一時的なものであり、補塡してＡに返還するつもりであった」旨の抗弁がなされることが予想される場合、どのような点に留意して捜査を進めていくべきでしょうか。

　判例は、基本的には一時流用についても横領罪の成立を認めているとされています（最判昭和24・3・8刑集3巻3号276頁等）。しかし、実務上よく参考とされるのは、「遅滞なく補塡する意思があり、かつ、いつでも補塡できる資力がある場合には、横領罪が成立しないこともあり得る」とする高裁判決です（東京高判昭和31・8・9裁特3巻17号

826頁）。したがって、補塡する意思と資力が認められる一時流用については、横領罪の成否につき特に慎重に判断していかなければなりません。

　それでは、なぜ補塡の意思・資力は、横領罪の成立を否定する要素として働いていくのでしょうか。まず考えられるのは、「不法領得の意思」の要件です。横領罪も領得罪である以上、主観的要件として不法領得の意思が必要ですが、補塡して返還する意思があるということは、不法領得の意思を打ち消す方向に働いていきます。さらに、補塡する資力があるということは、補塡の意思の存在を客観面で支えることになります。

　これは、一時流用の問題を不法領得の意思の問題として捉えた場合の考え方ですが、これを「金額」横領の問題として捉えれば、より明解に、その問題の本質を理解できるのではないかと思われます。まずは、Ｐ80の図1を再度見てください。寄託者が金額500万円分の金銭について所有権を有しているということは、受寄者に属する全ての金銭の中で、そのうちの金額500万円分の不特定な金銭について、これを寄託者が所有しているということです。したがって、もしも仮に、受寄者が、寄託者から預かった現金500万円を一時的に自己のために費消したとしても、受寄者が、他に500万円以上の金銭（あるいは預金）を持っていた場合には、これらの中の金額500万円分の金銭について寄託者の所有権が及ぶことになる、と解釈することも可能となります。そうなりますと、寄託者の所有する「金額」分の金銭については侵害されていない、と解釈することも可能となるわけです。

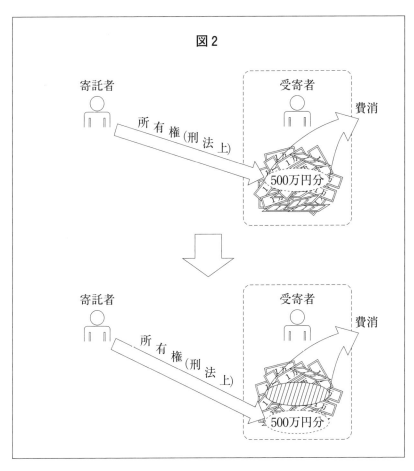

図 2

　以上のことから、金銭横領事件の捜査における被疑者（受寄者）の資力（現金・預金）の捜査の重要性を理解していただけたと思います。特に、思いもよらなかった被疑者保有の預金口座が明らかとなり、その口座内に相当残高の預金があったために、被疑者から一時流用である旨の抗弁を許してしまい、事件が崩れていくことのないように、被疑者の資力の捜査はしっかりとやっておく必要があります。

　それでは、この章の最後に、金銭横領の捜査について基礎的なことを確認しておきます。普段当たり前のこととしてあまり意識していな

かった論点かもわかりませんので、考えてみてください。

> Q：〔設例〕の※部分では、「金銭横領の捜査においては、使途先の
> 　解明が必要不可欠であることから、設例のようなケースでは、飲
> 　食遊興先を逐一つぶしていかなければなりません」との説明があ
> 　りますが、金銭横領の捜査において使途先の解明が必要不可欠と
> 　される理由は何でしょうか。

　横領行為とは、不法領得の意思を実現する行為のことであり、金銭横領における横領行為の典型例は「**着服**」です。したがって、金銭横領事件の犯罪事実は、「○○のために預かり保管中、ほしいままに、自己の用途に**費消**する目的で、**着服**して横領したものである」となることが多いようです。

　一方で、「**費消**」は、あくまでも着服の後に行われるものであることから、実行行為である着服行為を直接立証するためには、費消の事実の解明（すなわち使途先の解明）が無関係とまではいえないまでも、必要不可欠とまでいえるのかという疑問が生じてきます。しかし、金銭横領の場合、不法領得の意思の実現行為として、外形的に捉えることができる最も明白な行為は、自分のために遣うこと、すなわち費消です。逆に言えば、着服行為の認定については、どのような外形的行為をもって着服行為（不法領得の意思の実現行為）として捉えることができるのかという問題が常に潜在していることになります。したがって、実務上は、着服横領であっても、可能な限り費消先（使途先）の解明に努めることにより、外形的にも明白な被疑者の「不法領得の意思の実現行為」を明らかにしていき、それを積み上げていくことになります。

　なお、金銭横領の犯罪事実については、当然、費消横領のパターン

もありますが、この場合には、「飲食店○○方において、ほしいままに、自己の飲食代金の支払に充てて費消し、もって横領したものである」等となります。

第6章 預金をめぐる問題

　前章では、横領罪の客体が金銭である場合の特殊性について説明しましたが、犯罪の過程において金銭が**預金**に姿を変えることにより、その擬律判断が複雑になることも多々あります。本章では、この問題を取り上げます。

1　問題の所在（設例の設定）

〔設例1〕

　Aは、不動産購入を予定し、その契約等の処理を委任するとともに、不動産購入の支払代金に充ててもらう趣旨で、現金5,000万円をBに預けた。

　Bは、預かった現金が大金であったことから、Aの了解を得た上で、それを自己の普通預金口座に入金した（元々当該口座の残高は、ゼロに近い状態であった。）。

　その後、Bは、当該口座のある銀行に対して約5,000万円の債務を負担していたことから、当該口座に入金した金銭の振替支払により、自己の債務を弁済してしまった。

　Bは、Aの了解を得た上で、預かった現金を自己の口座に入金していますが、仮にBが、Aに無断で預かった現金を自己の口座に入金したとしても、大金を自宅に保管しておくのは危険だから等の理由で、あくまでもAのための保管目的で自己の口座に入金したのであれば、

そのことをもって直ちに不法領得の意思を認定していくのは無理があるでしょう。一方で、最終的にBは、自己の口座に入金した金銭の振替支払により、自己の債務を弁済してしまいますが、この時点においては、外形的にも明白な不法領得の意思を認定することができるでしょう。

　それでは、Bの行為を横領罪で問擬できるのでしょうか。銀行預金とは、法的には金銭消費寄託のことであり、その基本的構造については、**重要ポイント17**を確認してください。〔設例1〕における銀行預金の場合には、寄託者はBであり、受寄者は銀行となりますが、Bが現金5,000万円を銀行に預けることにより、現金に対する事実上の支配や所有権は銀行へと移ります。これを前提にする限り、銀行に預けた現金5,000万円を客体（物）とする横領罪での擬律については、無理のようにも思えます（刑法252条1項は、横領罪の客体を「物」としていますが、これは窃盗罪等の客体である「財物」と同じ意味であるとされています。）。また、銀行への現金の預け入れにより、銀行に対する預金債権が発生し（P68）、Bは、この預金債権を管理することになりますが、これはあくまでも金銭債権であり、「物」ではないことから、横領罪の客体にはなりえません（債権については、横領罪の客体である「物」にはあたらないとされていることから（大判明治42・11・25刑録15輯1672頁）、2項横領（利益横領）については、横領罪として罰せられることはありません。しかし、この種の行為については、背任罪による擬律が可能な場合もあります。したがって、〔設例1〕についても、背任罪での擬律を考えていくことは可能ですが……。）。

　それでは、次の設例については、どう考えればよいのでしょうか。

〔設例2〕

　Aは、不動産購入を予定し、その契約等の処理を委任するととも
に、不動産購入の支払代金に充ててもらう趣旨で、現金5,000万円を
Bに預けた。

　Bは、預かった現金が大金であったことから、Aの了解を得た上
で、それを自己の普通預金口座に入金した（元々当該口座の残高は、
ゼロに近い状態であった。）。

　その後、Bは、別の金融業者に対して約5,000万円の債務を負担し
ていたことから、当該口座から現金で5,000万円を出金し、それを金
融業者への弁済に充ててしまった。

　〔設例2〕における事実関係の前・中段部分は、〔設例1〕と同じで
すが、違うのは後段部分であり、Bは、5,000万円の預金を口座から
いったん出金して、その現金を別の金融業者への弁済に充てています。
したがって、〔設例2〕の場合には、口座から出金した現金を客体（物）
とした上で、横領罪の構成要件にあてはめていくことが可能となります。

　出金した現金5,000万円についての刑法上の占有（事実上の支配）
がBにあることは明らかです。また、その所有権については、Aから
Bへの寄託が「使途を限定した金銭の寄託」であることから、当初よ
りAに帰属しており（P79）、出金時にも、その状態がそのまま継続
していると考えられます。

　以上のことから、〔設例2〕については、Bの行為について横領罪
での擬律が可能となってきますが、〔設例2〕について横領罪での擬律
が可能であれば、〔設例1〕についても、横領罪での擬律が可能では
ないのかという疑問が生じてきます。〔設例1〕と〔設例2〕の違いは、
口座に預金した金銭を現金の形で払い戻したか否かという違いだけで

あり、寄託された金銭に対する不法領得行為であるという点においては、〔**設例1**〕と〔**設例2**〕では何ら異なるところはありません。このことから、判例・通説は、前章で若干説明した「預金による金銭の占有」という考え方を採ることにより、〔**設例1**〕のケースについても横領罪での擬律を認めています。

2　擬律判断のための理論構成

「預金による金銭の占有」という考え方を図で説明すれば、以下のとおりです。

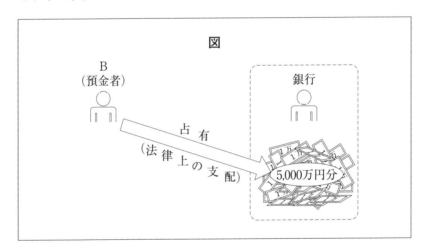

銀行に消費寄託として預け入れられた金銭を、事実上支配しているのは銀行です。しかし、刑法上の概念である「預金による金銭の占有」という考え方を採れば、預金者であるBは、銀行が事実上支配する不特定物たる金銭について、預金額の範囲内でこれを占有していることになります。これは、前章でも説明した**金銭を「金額」として捉える考え方**にほかなりません。銀行の支配下にある金銭を、物として逐一特定し、これに対する占有を考えるのではなく、銀行の支配下にある

一定額内の不特定な金銭（預金額）に対する占有を考えていくわけです。

　ただし、この場合には、預金者Bに認められる「占有」については、「事実上の支配」という言葉では説明できません。刑法上の占有は、本来は奪取罪を念頭においた概念であることから、「事実上の支配」であると定義されましたが、横領罪の占有は、「事実上の支配」だけではなく**「法律上の支配」**をも含んだ概念であり、預金者Bに認められる占有は、「法律上の支配」の方に該当します。

　Q：横領罪における占有が、「事実上の支配」だけではなく、「法律上の支配」も含んでいるとされる理由は何でしょうか。

　「横領罪における占有」の意義については、昇任試験等の勉強の過程において、結論だけを記憶している方も多いのではないかと思いますが、この結論に至るまでの考え方を理解することは、民法の重要概念の理解にも関係することから、ここで取り上げてみました。

　横領罪は、他人の物の所有権を侵害する犯罪類型でした。そして、所有権には、物の使用・収益・処分という３つの権能がありました**（重要ポイント２）**。

　それでは、横領罪は、所有権の３つの権能のうち、とりわけどの権能を大きく侵害するものなのでしょうか。それは「処分」権能です。横領罪を一言で簡単に説明すれば、「他人から預かっていた物を勝手に処分してしまう」ことであり、例えば、

　　○　預かっていた物（絵画等）を勝手に売却してしまう

　　○　預かっていた金銭を勝手に遣ってしまう

等です。これらは、所有権者でなければできない「処分」権能を、被疑者が勝手に行使することにより、所有権者の「処分」権能を侵害し

ているわけです。

　このことを前提にした場合、横領罪の被疑者の地位（占有者）として重要な意味をもつことは、「**処分**」権能を侵害できる地位＝「**処分の可能性**」ということになります。したがって、横領罪の占有については、「**処分の可能性**」として捉えられることになり、そこには「**事実上の支配**」だけではカバーできない「**法律上の支配**」も含まれていくことになります。なお、「法律上の支配」ありとして横領罪の占有が認められる例としては、「預金による金銭の占有」や「登記による不動産の占有」等が挙げられます。

○刑法上の占有概念

　　　奪取罪➡「事実上の支配」

　　　横領罪➡「事実上の支配」＋「法律上の支配」

　それでは、預金を金銭ではなく金額として捉え、これに対する占有を預金者Bに認めた場合、その刑法上の所有権は誰に帰属するのでしょうか。

　これについては、AからBへの金銭の交付が「使途を限定した金銭の寄託」であることから、金銭の所有権はAに帰属していますが、その金銭が預金された場合にも、その所有権はAにとどまったままであると考えられています。Bが、使途を限定されて預かった金銭を自宅の金庫に保管する場合には、金銭の所有権はAにとどまったままですが、金庫に保管しても預金として保管しても、実質的には同じことといえるので、預金として保管した場合であっても、金銭の所有権はAにとどまったままであると考えられています。

3　擬律判断のためのポイント

以上が「預金による金銭の占有」についての考え方ですが、これに
関連して、実際に擬律判断を行う上でのポイントを若干掲げておきま
すので、参考にしてください。

1点目は、「預金による金銭の占有」については、銀行が事実上支
配している金銭を対象とする詐欺罪や窃盗罪等の奪取罪の成否を検討
する上では問題にならないということです。例えば、他人の財布を窃
取したところ、その中に銀行のキャッシュカードと、不注意にも暗証
番号が記載された紙片があったことから、そのキャッシュカードを不
正に利用し、ATMで他人の預金口座から金銭を引き出した場合、当
該金銭に対する窃盗罪で擬律していくことになります。この場合、行
為者は、当該金銭に対する銀行の事実上の支配（占有）を侵害したも
のとして窃盗罪で擬律していきますが、他方で、行為者は、預金とい
う形で金銭を占有（法律上の支配）していたわけではありませんので、
その占有を利用して他人の金銭を横領したとはいえません。銀行預金
に対する財産犯の擬律を検討していく場合には、銀行が事実上支配し
ている金銭に対する侵害なのか、それとも預金という形で法律上支配
している金銭に対する侵害なのかを判断していくことになりますが、
この分水嶺は、「行為者に預金の払戻権限が認められているのか否
か」にあるとされています(注28)。

2点目は、「預金による金銭の占有」というよりも、「預金等資金に
対する占有」といった方が分かりやすいのですが、これについては、
銀行等金融機関の役職員（支店長等）には認められないということで
す。現実に金融機関の支店内に「物」として保管されている現金につ
いては、その「物」に対する役職員の占有を考えることができますが、

「物」としての金銭以外の、金融機関の**資金**については、役職員に占有は認められません。金融機関の資金については、支店間あるいは本店・支店間で移動することから、ある支店において、これを特定の金額（一定額）として捉えることは不可能であり、**金銭を「金額」として捉える考え方**をそのまま適用するには無理があるわけです。

　このように、「預金による金銭の占有」あるいは「金銭を金額として捉える考え方」については、適用される場面が限定されることから、捜査の現場において、この概念を用いて擬律判断をする場合には、「預金による金銭の占有」等を認めた判決例を検討し、自分が捜査している事案との異同を押さえておく必要がある場合も出てくるでしょう。巻末には〔参考文献〕（P177）を掲げましたが、特に前章と本章のものについては明示しましたので、必要に応じて参照してみてください。

（注28）　この点について橋爪隆「銀行預金に関連する財産犯について」法学教室440号（有斐閣、2017年）100頁以下は、「①金員に対する銀行の事実的支配が侵害された場合には、銀行に対する財産犯が成立する。他方、②預金された金員について法律的支配を有する者が領得行為を行った場合、（委託者を被害者とする）委託物横領罪が成立しうる。

　　両者は本来、別の次元に属しており、個別に検討すべき問題である。もっとも、委託物横領罪の成立を認めるためには、行為者に預金の払戻権限が必要であるところ、払戻権限を有する者が銀行に対して払戻しを請求する行為は、まさに正当な権利行使であり、銀行はこれに対して自己の占有を保持する正当な利益を有しないため、銀行に対する財産犯は成立しないと解される。このように本来は別個の問題でありながら、通説の立場からは、両者の問題は行為者の払戻権限の存否という観点から、統一的に解決されるのである。すなわち、行為者に払戻権限が認められる場合には、①銀行に対する財産犯は成立せず、もっぱら②委託物横領罪の成否が問題となる。これに対して、払戻権限が欠ける場合、預

金された金銭に関する占有が認められないから、②委託物横領罪が成立することはなく、①無権利者による払戻し等であることから、銀行に対する財産犯が成立する。したがって、通説の立場からは、委託者に対する委託物横領罪と、銀行に対する財産犯がともに成立する場面はあり得ず、行為者の払戻権限の存否によって、両者は排他的に区別されることになる」と明解しています。

第7章　債務不履行

　第1章では、詐欺罪の擬律判断において、民法上の法律関係が直接的に影響を与える典型的なケースとして〔**設例2**〕の問題を取り上げ、そのポイントとして

　○　「実質的な損害の発生」要件（あるいは「実質的な法益侵害性」）における債権・債務関係の判断（結果的に被害者が債務を履行した形になっていないか）

を挙げました。そして、このポイントが含んでいる民法上の概念—債権・債務（特に契約による債権・債務）—は、民法の最も基本的で重要な概念でもありました。

　これを受けて本章以下では、債権・債務に関する各種制度の中でも特に重要なものを取り上げて説明します。

1　基本的な考え方

　まずは確認からです。

> **Q**：債権・債務は、どのようにして消滅したでしょうか。
> 　基本的設例（**重要ポイント8**）を題材にして考えてみてください。

　債権・債務は、弁済（契約どおりの物を引き渡すこと。履行）により消滅しました（**重要ポイント15**）。例えば、基本的設例においては、

　○　宅地建物引渡請求権（特定物債権）については、不動産業者が

　宅地建物をサラリーマンに引き渡すことにより

○　金銭支払請求権（金銭債権）については、サラリーマンが不動

産業者に販売代金相当額の金銭を引き渡す（支払う）ことにより

それぞれ消滅しました（特定物債権、金銭債権の意義については、**重**
要ポイント14参照）。このように、債権・債務関係は、相手方（債務
者）の履行により契約の目的を達して消滅することから、その過程に
おいては、相手方の協力が必要不可欠であり、債権者・債務者間の信
頼関係が非常に重要なものとなってきます。

　しかし、ご存じのとおり、現実の社会においては、債権者・債務者
間の信頼関係がもろくも崩れ去っていく事例が散見されるところであ
り、相手方が契約の内容に違反し、債務を履行しないこともありえま
す。例えば、基本的設例において、不動産業者やサラリーマンが何ら
かの事情で翻意し、宅地建物を売りたくない、あるいは、買いたくな
いとして、故意に宅地建物を引き渡さない、あるいは、代金（金銭）
を支払わないということもありえることです。このように、債務者が
履行しないことを「**債務不履行**」といいますが（**まさに字のごとく債**
務が履行されない）、債務不履行のままでは債権者が大きな不利益を
被ることから、民法は、債権者を救済するために３つの制度を用意し
ています。

　第１は、債権者が裁判所に民事訴訟を提起し、勝訴判決を得た上で、
民事執行法の規定に基づき強制執行するというものです（414条１項）。
債務者が任意に履行することにより、債権が目的を達して消滅するの
が正常な債権・債務の流れであり（**重要ポイント15**）、これを「**任意**
履行」といいますが、一方で、414条１項や民事執行法の規定に基づ
き、裁判所が強制的に債権・債務の内容を実現させることを「**強制履**
行」といいます。例えば、金銭債権については、債務者の財産を差し
押さえた上で、これを売却（競売）し、その売却代金から債権者は弁

済を受けます。また、特定物債権や種類債権については、債務者から
目的物を取り上げ、これを債権者に引き渡します。そして、強制履行
の場合には、民事訴訟による勝訴判決を得ていることが大前提であり、
勝訴判決を得るためには、債権・債務を発生させる基となった契約の
存在、内容を民事訴訟の場で証明しなければなりませんが、このこと
ゆえ口頭のみの契約ではなく、書面による契約書を交わしておくこと
が重要になってきます。

　第2は、一定の要件の下で、債権者が契約を解除し、契約そのもの
を消滅させてしまうものです（541条等）。これは、債権・債務関係を
発生させる基となった契約そのものを消滅させる（なかったことにす
る）ことにより、自分（債権者）の債権を消滅させるとともに、相手
方（債務者）の債権も消滅させてしまおうというものです。強制履行
の場合には、自分の債務の履行も残りますが、契約解除の場合には、
自分も債務の履行から解放されるという利点があります。

　第3は、一定の要件の下で、債権者が債務不履行によって生じた損
害の賠償を債務者に対して請求するというものです（415条）。例えば
基本的設例において、不動産業者がサラリーマンへの宅地建物の引渡
しを拒んでいる場合、サラリーマンは現在居住しているアパートに継
続して住み続けるほかありませんが、継続居住分の賃料は、本来であ
れば不要なものであり、不動産業者の債務不履行により生じた損害と
いえますので、その損害の賠償を不動産業者に対して請求することが
できます。そして、損害の賠償は、原則金銭によりなされ（417条）、
損害賠償請求は、強制履行や契約解除の場合にも認められます（414
条2項、545条4項）。

　なお、債務不履行の一つの態様として、契約どおりの物ではなく欠
陥がある物を引き渡してしまうという場合もあります。例えば新品の
テレビ1台を注文したところ（種類債権、P68）、引き渡されたテレ

ビに欠陥があったというような場合です。債権者（テレビの注文をした売買契約の買主）には本来、契約どおりの物（欠陥のないテレビ）の引渡しを請求する権利がありますので、この場合には、別のテレビとの交換や、あるいは引き渡されたテレビの修理を、売主である業者に請求することができます。民法は、このことを売買契約に関して562条において「追完請求権」として規定しています。

　以上のことをまとめて、**重要ポイント15**に付け加えておきます。

（重要ポイント15　債権・債務のプロセス）

債権・債務の発生
┗ 契約の成立（←意思表示の合致）による

正常なプロセス

債権・債務の消滅
┗ 弁済（＝契約どおりの物を引き渡すこと。履行）による

債務不履行
（債務が履行されない）
➡ 債権者の手段
・強制履行
・契約の解除
・損害賠償請求
・追完請求

2　取込み詐欺と債務不履行

　債務不履行という民法上の概念は、詐欺事件捜査の過程で問題になることがありますが、特に取込み詐欺事件の捜査においては、被疑者側の抗弁として主張されることが多々あります。取込み詐欺を一言で説明しますと「代金支払の意思・能力がないにもかかわらず、これがあるかのように装い、商品を仕入れて騙し取る詐欺」のことですが、これには、主として「**計画型**」と「**成り行き型**」の2つの形態があります。

　計画型とは、まさに字のごとく当初から計画されていた取込み詐欺のことであり、具体的には、「実体のない店舗を立ち上げ、当初は小口の取引で被害者を信用させた後に、大口の取引で大量の商品を取り込み、それらをバッタ屋等で売りさばき、その金を持って逃走するもの」です。一方、成り行き型は、「当初は順調に取引が継続していたが、被疑者が営業不振等で倒産必至の状況となったことから、代金を支払う意思・能力もないのに、その後も継続して被害者と取引を行うことにより商品を取り込み、それらを売りさばくことによって金を作るもの（その金は、倒産後の生活資金や逃走資金等に使われる）」です。

　計画型については、当初から計画されていたものであることから、被疑者も当然偽名を使っており、被疑者をいかに特定していくかが捜査上の大きな問題となります。したがって、鑑識活動や手口捜査が重要であり、詐欺事件ではありますが、一課事件的捜査が必要となります。

　一方、成り行き型については、当初順調に取引が継続していたことから、被疑者は最初から特定されていることがほとんどであり、捜査上問題となるのは、被疑者の債務不履行である旨の抗弁潰し、すなわ

ち犯意の立証ということになります。このことを、電器製品販売店
（被疑者）が、問屋（被害者）からパソコン100台を騙し取ったという
事例で考えてみましょう（ここでいう「問屋」とは、俗にいう問屋
（とんや）のことであり、卸売商のことです。商法551条が規定する「問
屋」（といや）のことではありません。）。最初に、電器製品販売店と
問屋との間で売買契約が交わされますが、その時点における債権・債
務関係は下図のとおりです。

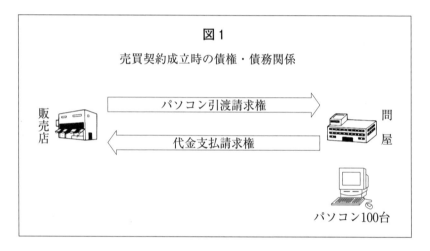

図1

売買契約成立時の債権・債務関係

販売店　パソコン引渡請求権　　→　　問屋

代金支払請求権

パソコン100台

　その後、販売店は、問屋からパソコン100台の引渡しを受けますが、
代金支払期限が到来しても、その代金を支払うことはありません（次
図参照）。

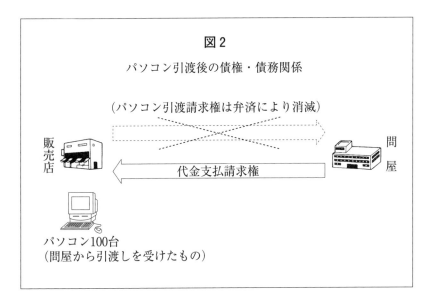

図2

パソコン引渡後の債権・債務関係

（パソコン引渡請求権は弁済により消滅）

販売店

問屋

代金支払請求権

パソコン100台
（問屋から引渡しを受けたもの）

　このように、取込み詐欺が完了した時点では、民事上の法律関係は、問屋（被害者）の販売店（被疑者）に対する代金支払請求権が債務不履行となっていますが、外形的な客観的事実だけをみれば、取込み詐欺と債務不履行に違いはありません。そして、取込み詐欺と債務不履行の分水嶺は、まさに被疑者の支払の意思・能力の欠如を立証できるか否かにありますので、犯意がいつ生じたのかを見極めた上で、被疑者の支払能力の欠如を財務分析等の捜査により客観面で固めていく必要があります。

　なお、計画型の取込み詐欺については、当初から立ち上げた店舗の実体がない等のために、債務不履行の抗弁が立ちにくい面もありますが、被疑者に結構な残高の預金が存在している場合には、債務不履行の抗弁も生きてきますので、成り行き型の捜査同様に財務捜査も重要であり、また、犯罪事実の選択についても注意が必要となってきます。

3　背任罪と債務不履行

(1)　問題の所在

　背任罪の構成要件は、詐欺罪や横領罪の構成要件と比較した場合、かなり複雑ですが、その基本的な構造は、

「事務処理者」による「任務違背行為」

です（巻末「詐欺罪・横領罪・背任罪」）。

　一方で、契約の内容に違反して債務を履行しないことが「債務不履行」でしたが、これは背任罪の実行行為である「任務違背行為」と似通ったところもあります。刑法247条は、背任罪の実行行為について「その任務に背く行為」と規定していますが、これは「任務違背行為」といわれており、刑法各論の基本書等においては、「誠実な事務処理者としてなすべきものと法的に期待されるところに反する行為」等と定義されています。そして、この定義自体かなり抽象的であり、「何かの義務に違反する」というニュアンスが強いことに加え、任務違背行為以外の、他の構成要件要素も抽象的であるため、世の中の各種の経済取引の中から何が背任罪にあたるのかを判断していくことは難しく、捜査の現場においても、とりわけ背任罪の擬律判断には悩まされることが多いと思います。

　特に債務不履行と背任罪との関係についての問題は、捜査の現場（特に民事絡みの告訴事案等）においては、単なる民事上の問題（債務不履行）で済む話なのか、それとも刑事上の問題（背任罪の成否）も生じてくるのか、ということでもあります。このことを、前節の説明で用いた「電器製品販売店と問屋との間の売買取引事例」を使って、具体的な設例で考えてみましょう。

〔設例〕

　電器製品販売店と問屋との間で、パソコン100台を購入する売買契約が交わされた。

　問屋は、期日までにパソコン100台を販売店に引き渡した。

　販売店は、期日までにパソコンの代金1,000万円を問屋に支払うべく、資金を準備していた。

　ところが、販売店は、別の取引先に対しても1,000万円の金銭債務を負担しており、その取引先から早急な支払を泣きつかれたため、問屋に支払うべく準備していた1,000万円を、別の取引先への支払に充ててしまった。

　そのため、販売店は、期日が到来しても問屋へ代金を支払うことができず、また、その直後から資金繰りに窮し始めた販売店は、期日を過ぎた後も問屋への代金を支払うことが困難になってしまった。

　この事案を、

　　「販売店が、自己の債務（別の取引先に対する債務）を弁済す

　　　るために、問屋への金銭支払義務（金銭債務）があるにもか

　　　かわらず、これに背き、問屋に損害を生じさせたものである」

として、販売店による背任事件として擬律していくことは可能であろうか。

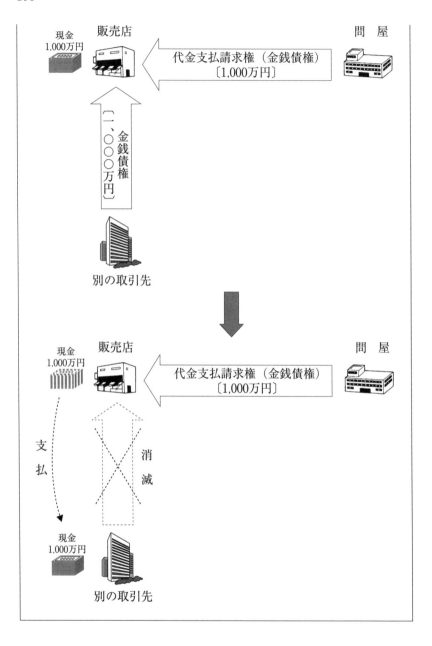

　一人の債務者に対して複数の債権者がいる場合、債務者がどの債権者に弁済するのかは基本的には債務者の自由である、というのが民法上の原則です（とは言っても、それぞれの債務には弁済期がありますので、通常であれば、債務者は弁済期が到来した債務から弁済していくことが多いのでしょう。しかし、債務者が資金繰りに窮してくれば、弁済していない債務が徐々に増えていきますが、こうなると、債務者には、どの債権者に弁済するのかという問題が生じてきます。そして、この場合、どの債権者に弁済するのかは、原則として債務者の自由であるということになります。）。

　設例においても、販売店が問屋への支払を優先するのか、それとも別の取引先への支払を優先するのかについては、基本的には販売店の自由です。そして、設例においては、販売店が別の取引先への支払を優先させてしまったために、問屋の販売店に対する代金支払請求権が債務不履行に陥ってしまったわけですが、問屋としては、そのままにしておくわけにもいかないので、強制履行等に踏み切ることになります（**重要ポイント15**）。

　しかし、この場合には、後ほど「4　金銭債権回収の重要性」のところで説明しますが、問屋が債権額に見合う弁済を受ける可能性が低くなるなど、問屋にとって深刻な問題も出てきます。さらには、問屋としては、販売店に対して民事上の責任追及を行うことは当然にしても、刑事上の責任追及も行えないかということで、設例の末尾にあるような販売店による背任事件である旨の主張も出てくるわけですが、このような擬律判断がそもそも可能であるのかというのが本設例の趣旨です。

(2)　背任罪の主体とは

　背任罪の構成要件は、財産犯の構成要件の中でも特に複雑で抽象的

ですが、これは以下のように分解できます。再度、巻末「詐欺罪・横領罪・背任罪」における背任罪の条文を見ながら、一つひとつの要件を確認してみてください。

- ○　主体…「他人のためにその事務を処理する者」
- ○　目的…「自己若しくは第三者の利益を図り又は本人に損害を加える目的」

　　　（「図利加害目的」といわれています。）

- ○　行為…「その任務に背く行為」

　　　（「任務違背行為」といわれています。）

- ○　結果…「本人に財産上の損害を加えたとき」

それぞれの要件の解釈については、様々な論点がありますので、余裕のある方は、それらについて刑法各論の基本書等を読んでいただければと思います。本書では、設例の解決に役立つ部分のみに絞って説明します。

　設例については、一見したところ、販売店は、問屋のためにパソコンの代金を支払う（金銭の引渡し）という事務を処理しなければならない立場にあり（主体の要件）、別の取引先に対する販売店自らの債務を弁済するという、販売店自らの利益を図るために（目的の要件）、問屋との間の売買契約の内容に違反して問屋に対する債務を履行せず（行為の要件）、問屋に対して損害を生じさせた（結果の要件）ともいえそうです。

　しかし、このような事案が背任罪に該当するようであれば、世の中にあまたある債務不履行は、ことごとく背任罪に該当することになってしまいます。そこで、設例のケースについては、そもそも「他人のためにその事務を処理する者」という主体の要件によって、背任罪に

は該当しないという解釈がなされています。

　「他人のためにその事務を処理する者」の「その」とは、「他人」を指しており、したがって、これは「他人のために**他人の事務**を処理する者」と読むことになります。また、目的及び結果の要件においては、「本人」という言葉が出てきますが、これは「他人」のことを意味します。これらのことを踏まえて、前ページで掲げた「主体─目的─行為─結果」に分解した背任罪の構成要件を再度読み直してみてください。少しは分かりやすいものになると思います。

　これを設例にあてはめてみますと、他人（＝本人）にあたるのは問屋ですので、「問屋のために問屋の事務を処理する者」である販売店が、「自己（販売店）の利益を図る目的」で「任務違背行為」をして「問屋に損害を与えた」といえるのか、が設例の問いの趣旨になるわけですが、ここで、そもそも販売店が「問屋のために問屋の事務を処理する者」といえるのか、という問題が生じてきます。販売店と問屋との間の売買契約により、販売店は、問屋に対して代金支払債務（金銭債務）を負いますが、この債務の履行（代金の支払）は、確かに「問屋のために」行われるものではあります。しかし、代金支払債務そのものは、販売店自身が負っているものであり、その債務の履行は、販売店自身が行うものであることから、これは「販売店（自己）の事務」であり、「問屋（他人）の事務」ではないとされているのです。このように、売買契約等の当事者がそれぞれ負っている債務を履行することは、「自己の事務」であり、「他人の事務」ではないと解されています（注29）。

　背任罪の擬律判断を検討する際には、ともすれば目的や行為の要件である「図利加害目的があるといえるのかどうか」、「任務違背行為といえるのかどうか」に目を奪われがちです。しかし、設例のような（設例は事例を単純化していますが）民事絡みの事案については、「自己の

事務」なのか「他人の事務」なのかという主体の要件で擬律判断が可能な場合もあることに留意しておいてください（注30）。

（注29）　同じ契約でも委任のように「契約等の事務処理」を内容とする契約については（P78）、受任者の負っている債務は、まさに「他人（委任者）の事務」を処理するものであることに注意してください。したがって、「他人の事務」ではなく、「自己の事務」であるとされるものは、「対向的な契約において、当事者がそれぞれ負っている債務を履行することである」といった説明がなされることもあります。

（注30）　ただし、「自己の事務」なのか「他人の事務」なのかの判断については、容易ではないこともあります。特に、抵当権（詳細は「第11章　担保物権制度（抵当権を中心にして）」参照）を二重に設定する背任事件の判例（最判昭和31・12・7刑集10巻12号1592頁）等にもみられるように、判例は「他人の事務」の範囲を広くとらえる（すなわち背任罪の成立範囲を広げる）傾向にあります。

4　金銭債権回収の重要性

本章「1　基本的な考え方」においては、債務不履行の場合に備えて民法が債権者を救済するための制度を用意している旨説明しましたが、金銭債権の債務不履行については、特に深刻な問題があります。まず損害賠償請求（415条）については、損害の賠償が金銭によってなされることから（417条）、金銭債権が債務不履行に陥ったとしても、損害賠償請求によって金銭債権そのものの不履行状態が改善されるわけではありません。したがって、債権者としては強制履行に踏み切ることとなりますが、この場合いくつかの越えるべきハードルがあります。

まず第1に、民事裁判において金銭債権の存在を証明し、「〇〇円を

支払え」という判決を得なければなりません。

　第 2 に、判決を得た後、これに基づき債務者の財産を差し押さえて競売にかけなければなりません（民事執行法）。

　ただし、この場合にネックとなるのは、他の債権者が存在する場合には債権者平等の原則があるために、債権額に見合う弁済を受ける可能性が低くなるということです。

（**重要ポイント18　債権者平等の原則**）

　　強制履行の場合

　　　⬇

　　債権者平等の原則
　　　＝各債権者が債権額に応じて比例配分によって弁済を受け
　　　　るという原則

　また、非金銭債権（特定物債権・種類債権、**重要ポイント14**）が債務不履行に陥り、損害賠償請求を行う場合、前述のとおり損害の賠償が金銭によりなされる以上、それは金銭債権そのものですので、全く同様の問題が生じます。加えて、金銭債権が現在の社会経済活動上重要な役割を果たしている状況にかんがみても、金銭債権を確実に回収する（履行させる）ことは非常に重要です。したがって、民法の、いわゆる債権総論部分や担保物権部分には、金銭債権回収確保のための様々な制度が設けられており、それらは金融取引法制の基礎、根幹にもなっています。

　次章からは、その中でも特に重要なものを取りあげて、説明していきます。

第8章　代物弁済

1　基本的な考え方

482条（巻末「民法重要条文集」）は、代物弁済について「弁済をすることができる者（以下「弁済者」という。）が、債権者との間で、債務者の負担した給付に代えて他の給付をすることにより債務を消滅させる旨の契約をした場合において、その弁済者が当該他の給付をしたときは、その給付は、弁済と同一の効力を有する。」と規定しています。「弁済をすることができる者」という文言が冒頭で出てきますが、これは債務者以外の第三者でも弁済をすることができる（474条）ということを受けてのものです。

ただ、このような条文の文言を覚える必要もなく、代物弁済という字のごとく**「代わりの物で弁済する」**ことであると理解し、以下の設例で具体的なイメージをもっていただければ十分です。

〔設例〕

　Aは、生活が困窮したためにBから10万円を借りたが、その後も状況は変わらず、結局、Bから借りた10万円も生活資金として消費してしまった。

　なお、Aは、他の者からも借金をしており、Aの財産の中でまとまった価値のある物といえば、時価10万円程度のパソコン機器程度であった。

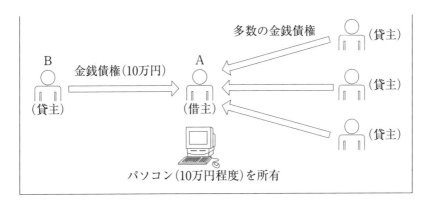

　AはBから10万円を借りていますが、これは民法上の金銭消費貸借にあたります。「第5章　金銭をめぐる問題」の「2　寄託契約と所有権の帰属」（P73）においては、「物の保管」を内容とする契約である寄託について説明しましたが、ここでは、「**物の貸借（貸し借り）**」を内容とする契約である**賃貸借**と**消費貸借**について説明しておきます。

　賃貸借の典型例としては、マンションの賃貸等が挙げられ、消費貸借の典型例としては、金銭の貸し借りが挙げられますが、両者とも対象物（マンションや金銭）の貸借を内容とする契約です。ただし、両者の違いは、対象物の所有権が借主に移転するか否かにあり、賃貸借の場合には、対象物の所有権は貸主にとどまったままですが、消費貸借の場合には、対象物の所有権は貸主から借主に移転します。消費貸借は、字のごとく「借りた物を消費できる」のですが、借主に対象物の所有権が移転するからこそ、借主は、対象物を自由に消費することができるわけです（このあたりの理屈は、寄託と消費寄託の関係と同様です（P74、**重要ポイント16・重要ポイント17**））。これらのことを踏まえた上で、消費貸借について定めた587条と、賃貸借について定めた601条を読んでもらえば、条文もより理解しやすいものになるでしょう（巻末「民法重要条文集」）。

　消費貸借について定めた587条には「種類、品質及び数量の同じ物

をもって返還をすることを約して相手方から金銭その他の物」とありますが、かつては米、麦等を対象にした消費貸借も散見されていました。しかし、現代社会においては、金銭を対象とする消費貸借（**金銭消費貸借**）にこそ、その存在意義が認められています。そして、金銭消費貸借においては、貸主が借主に金銭を交付する（貸す）ことにより、貸主は金銭の所有権を失いますが、その代わりに借主に対して金銭支払請求権（金銭債権）を取得します。

　なお、捜査の現場では、「融資」や「貸出」という言葉もよく使われますが、両者とも金融実務上の用語であり、法律的には両者とも金銭消費貸借を意味します。

　それでは設例に戻りますが、Bとしては、Aに対する金銭債権全額について弁済を受けたいところ、Aにはパソコン機器以外めぼしい財産はありませんし、他の債権者の存在も気になるところです。そして、このままの状態ですと、金銭債権の弁済期が到来しても、Aは弁済できないでしょう（債務不履行）。

　そこで、何としても弁済を受けたいBとしては、強制履行に踏み切らざるをえませんが、そうしますと、訴訟に費用、時間がかかる上、Aの財産中価値のありそうなパソコン機器を差し押さえ、競売に付したとしても、その代金すべてをBが得られるわけではありません。なぜならば、**債権者平等の原則（重要ポイント18）**があることから、Bは、強制履行の手続に参加した他の債権者と債権額に応じて代金を比例配分することになってしまい、その場合には、Bは債権額の一部についてしか弁済を受けることができないでしょう。

　このような状況下にあるBにとって、大きな意義をもってくる制度が代物弁済です。Bは、早急にAと話をつけ、自己の金銭債権10万円の弁済を受ける代わりに、Aの所有する時価10万円程度のパソコン機器の所有権を自己に移転してもらい、その引渡しを受ければ、時間と

費用もかかることなく、パソコン機器の価値を他の債権者と分け合うこともなく、自分で一人占めすることができます。

　ただし、代物弁済は、「契約どおりの物の引渡し」を「他の物の引渡し」に代えるわけですから、債権者Bや債務者Aの一存でできるものではなく、代えることについて債権者と債務者間の合意（意思表示の合致）が必要です。したがって、代物弁済も一種の契約であり、このことは482条の文言にも現れています。

　そして、代物弁済により本来の弁済と同様の効果が生じ、債権（債務）は消滅しますので、BのAに対する10万円の金銭債権は、BがAからパソコン機器を代物弁済として受け取ることによって消滅します。

　また、本来の弁済の内容（10万円の支払）と代物弁済の内容（パソコン機器の所有権の移転）については、価値的に同じである必要はありません。

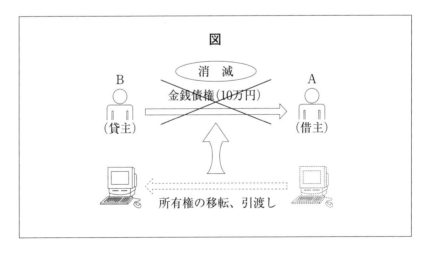

図

消滅

B（貸主）　金銭債権(10万円)　A（借主）

所有権の移転、引渡し

2 設例（横領罪における問題点）の検討

　代物弁済がどのような形で事件の擬律に絡んでくるのかについては、既に「第1章　捜査と民法」の〔設例1〕（P2）において説明しました。

　説明の便宜上、以下に設例を再掲します。そして、ここでは、当該箇所で説明が足りなかった部分を補足しておきます。

〔設例1〕

　Aは、Bに自己の所有物である絵画（時価100万円相当）を預けていたが、Bは、預かっていた絵画を自己の物として知人に売却してしまった。

　なお、AB間においては、詳細は不明であるが、何らかの金銭貸借を含めた取引関係があることがうかがえる。

　この事案について絵画の横領罪の成否を検討していく場合、何が最も重要なポイントになってくるであろうか。

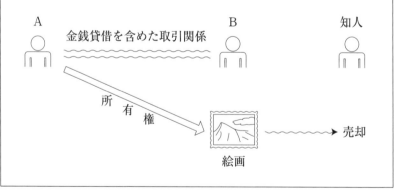

---

(1)　Bの行為についての擬律判断

　Bが、Aから預かった絵画をAに無断で処分していることから、A

所有の絵画に対する横領罪が問題になります。

　もしも仮に、ＡがＢに売却を依頼して絵画を預けたのであれば、Ｂによる絵画の処分は、ＡＢ間の依頼（委任契約）の趣旨にのっとったものであり、絵画に対する横領罪は問題となりません。この場合、Ｂが、絵画売却代金をＡに渡さないで自己のために領得してしまえば、絵画売却代金（金銭）に対する横領罪が問題になります（Ｐ79の「**擬律判断のポイント**」における「**委任者のために受領した金銭**」）。

(2)　擬律のためのポイント

　Ｂの行為を絵画に対する横領罪で問擬していく場合、絵画の所有権がＢに移転していたのではないか、という点をしっかりと潰しておく必要がありましたが、絵画の所有権がＢに移転していたと考えられる典型的なケースが代物弁済です。別の言い方をすれば、Ｂの抗弁として考えられる典型的なケースは、「私にはＡに対する○○円程度の債権があり、絵画はその代物弁済として受け取った物だ」というものです。だからこそ、本設例については、ＡがＢに絵画を預けた趣旨をはっきりさせておく必要がありますし、さらには、その前提としてＡＢ間の債権・債務関係の詳細も明らかにしておく必要があります。

第9章　相　殺

1　基本的な考え方

　相殺という言葉は、日常用語では何かと何かを帳消しにするような場合に使われますが、法律上の概念としての相殺も、基本的な考え方は同じです。以下、設例を使って相殺の基本的な考え方を説明していきます。

〔設例1〕

　Aは、Bに対して100万円の金銭債権を有しており、一方、Bは、Aに対して100万円の金銭債権を有している。

　設例においては、Aの債権（Bの債務）とBの債権（Aの債務）、2つの債権（債務）が並存していますが、それぞれの債権につき弁済期（履行期）が到来すれば、

　　○　Aの債権については、BがAに対して100万円を支払う（弁済）
　　　　ことにより、

　　○　Bの債権については、AがBに対して100万円を支払う（弁済）
　　　　ことにより、

消滅しました（**重要ポイント15**）。

　相殺とは、それぞれの弁済を省略し、より簡単にお互いの債権・債

務を消滅させるものであり、AからBへの、あるいは、BからAへの意思表示によってなされます（506条1項）。意思表示とは、字のごとく「意思を表示すること」でしたが（P26）、設例においては「私の債権とあなたの債権を相殺します」という意思を相手方に表示することです。ここで、**重要ポイント3**を再掲します。

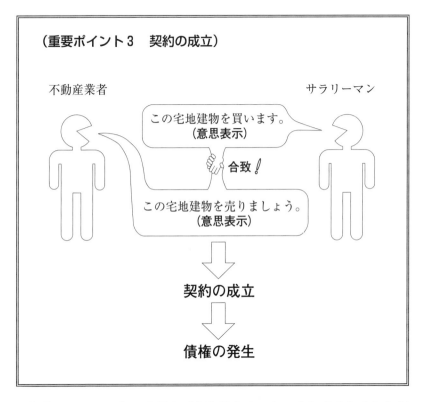

契約は、このように意思表示が合致することにより成立しましたが、相殺においては、あくまでも意思表示は単独で足り、相手方の意思表示は不要です（相手方の意思にかかわりなく、債権・債務関係が消滅するということです。次図参照）。

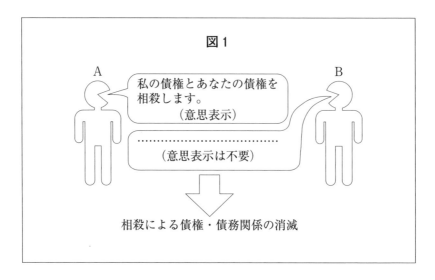

相殺のように、単独の意思表示からなるものを**「単独行為」**といい、相対する2つの意思表示の合致からなる**「契約」**とは区別されます。そして、単独行為も契約も意思表示から構成されていますので、両者の上位概念として、民法は**「法律行為」**という概念を定立し、民法「第1編　総則」の「第5章　法律行為」には、法律行為一般に適用される規定がおかれています（巻末「民法条文の体系」）。なお、現実には単独行為概念よりも、契約概念の方が重要であることから、**法律行為については、ほぼイコール契約のことであると理解した方がわかりやすいでしょう**（こう理解すれば、「第5章　法律行為」の条文も随分と読みやすいものになるでしょう。）。

そして、相殺によって、対当額分の債権・債務が消滅します（「その対当額について相殺によってその債務を免れることができる」（505条1項））。設例においては、AあるいはBからの、相手方に対する相殺の意思表示により、Aの債権、Bの債権ともに全額消滅します。

2　相殺の要件

　それでは、どのような場合に相殺することができるのでしょうか。505条1項は、相殺の要件について「二人が互いに同種の目的を有する債務を負担する場合において、双方の債務が弁済期にあるときは」と規定します。

　まず「同種の目的を有する債務」という要件がありますが、現実に相殺が問題となるのは、ほとんどが金銭債権同士の場合ですので（設例のようなケース）、この場合には当然「同種の目的を有する債務」ということになります。

　次に「双方の債務が弁済期にあるとき」という要件があります。〔設例1〕において、Aの債権の弁済期（履行期）が11月1日、Bの債権の弁済期が9月1日である場合、たとえば9月1日の時点でAからの相殺を許してしまえば、相殺により、Bの債権（Aの債務）とともに、Aの債権（Bの債務）も消滅することになります。

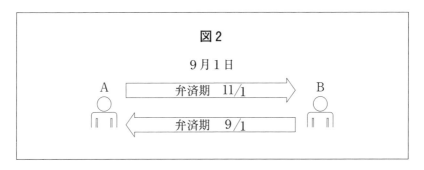

図2

9月1日

A　弁済期　11/1　→　B

弁済期　9/1　←

　しかし、これでは、Bは11月1日まで債務の履行（金銭の支払）を待ってもらうことができたのにもかかわらず、9月1日の時点で、金銭を支払わされてしまう（弁済あるいは履行）のと同様の結果になってしまいます。債務者が、債務の履行を履行期まで待ってもらえるこ

とを「期限の利益」といいますが（136条1項）、この「期限の利益」を守るために「双方の債務が弁済期にあるとき」という要件が設けられているわけです。ただし、期限の利益は、それを有する債務者の方からであれば放棄することができるので（136条2項）、9月1日の時点で、Aからの相殺はできませんが、Bが期限の利益を放棄することにより、Bからの相殺は可能となります。

　以上が相殺の基本的な要件ですが、民法は、その他にも様々な理由から相殺が許されない場合を定めています（509条等）。ただし、これら民法の規定については、あくまでも単独行為である相殺についての規定であることを理解しておいてください。

　実は、契約としての相殺（相殺契約）もありえます。それはあくまでも契約であることから、相殺する旨についての相手方との意思表示の合致が必要ですが、このことは当事者間において相殺の内容（＝契約の内容）を自由に決めることができるということです。そして、この場合には、民法の規定による制約を受けないことになります。

3 相殺の機能

それでは、相殺制度は、債権回収の場面においてどのような役割を
果たしているのでしょうか。代物弁済の設例（P110）と似たような
構図の設例を題材にして考えてみましょう。

〔設例2〕

　A・B間には取引関係があり、Aは、Bに対して500万円の金銭
債権を有しているが、一方、Bは、Aに対して400万円の金銭債権
を有している。

　なお、Bの経営状況は悪化しており、他の者からの融資も相当あ
る。

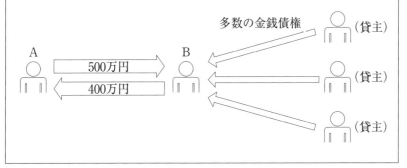

　Aとしては、自己の債権の回収（弁済）を図るべく、費用対効果を
検討した上で、どのような手段を採るのかを考えていかなければなり
ません。

　単純に考えれば強制履行（P96）ですが、訴訟や執行手続に時間と
費用がかかりますし、何よりも設例のケースにおいては、債権者平等
の原則（**重要ポイント18**）が立ちはだかり、Aの取り分は、他の債権
者の債権額に応じて比例配分されてしまいます。

　代物弁済という手段も考えられますが、Ｂの財産状態が相当悪化していれば、500万円の金銭債権と釣り合うだけの財産の存在も期待できるかどうかわかりません。

　このような状況下において、有効な債権回収手段として考えられる方法が相殺です。相殺は、ＡのＢに対する意思表示のみでなされることから、Ｂや他の債権者の意向に左右されることはありません。この場合、Ａの債権500万円分のうち、100万円分は消滅しないで（回収できないで）残存することになりますが、Ａとしては債権を８割方も回収できるわけであり、強制履行の場合（債権者平等の原則の適用）に比較すると、かなりのメリットがあるといえるでしょう。

第10章　債権譲渡

1　基本的な構造

　債権と相対する概念である物権（**重要ポイント５**）の譲渡については、既に民法の基本的法律関係である「契約による所有権の移転」（**重要ポイント１**）のところで説明しました。

　債権譲渡も、基本的な構造はこれと同じなのですが、説明をわかりやすくするために、債権譲渡の典型例である「**契約による金銭債権の移転**」を取り上げ、具体的な設例で説明していきます（法律上「譲渡」という場合には、有償・無償双方を含んでいますので、債権を売買する契約のように、有償で債権を移転する場合にも「譲渡」という言葉が使われます（P49)。)。

〔設例〕

　Aは、Cに対して500万円の金銭債権（売掛金等）を有しており、支払は３か月後であったが、Aの商売の都合で早急に300万円程度の現金が必要となった。

　金銭債権の履行期（３か月後）が到来していないにもかかわらず、Cが期限の利益を放棄して（P120)、500万円（あるいは利息差引き分）を支払ってくれればよいのですが、Cがそれに応じない場合、Aとしてはどうすればよいのでしょうか。

　このようなケースにおいて、Aが採りうる有効な手段が債権譲渡です。Aとしては、あたかも物（物の所有権）を売るように、Cに対す

る500万円の金銭債権をBに売ることにより、3か月も待つことなく必要な資金を手に入れることができます（ただし、支払が3か月後であり、Cの信用問題も加わってくれば、Bが債権を500万円で購入することはありえず、相当の値引きが行われることも予想されるところです。）。そして、この場合においても「契約による所有権の移転」の場合と同様に、売主Aと買主Bの意思表示の合致により契約が成立し、金銭債権が移転します。

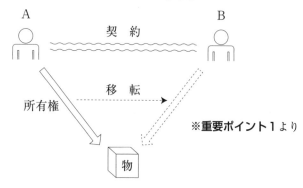

図1

「契約による所有権の移転」

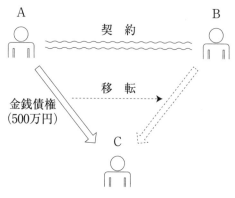

図2

「契約による金銭債権の移転」

　債権譲渡について定めた466条１項は、「債権は、譲り渡すことができる。ただし、その性質がこれを許さないときは、この限りでない。」としています。しかし、現実に債権譲渡が問題となるのは、ほとんどが金銭債権の場合であり、この場合には、ただし書は問題となりません。

　そして、「契約による所有権の移転」を説明した**図１**と、「契約による金銭債権の移転」を説明した**図２**を比較すれば分かるとおり、この両者の決定的な違いは、債務者であるＣの存在です。この債務者の存在のために、物権譲渡と比して債権譲渡の場合には、「**債権譲渡した旨の債務者への通知**」という手続が必要になってきます。なぜなら、債権譲渡により、債権者がＡからＢに替わりますが、このことを債務者が知らなければ、**債務者としては誰に弁済すればよいのか分からない**からです。

　そして、債務者への通知は、債権の譲渡人であるＡによってなされる必要があります。なぜなら、**債権の譲受人Ｂからの通知でもよいとすると、譲受人と称する者から通知を受け、弁済を求められた場合にも、債務者は、その者に対して弁済しなければならなくなってしまう**からです。債権譲渡においては、債務者は、譲渡人から債権譲渡した旨の通知を受けて、そこではじめて譲受人に弁済すればよいことを、以上の理由とともに理解しておいてください。これらのことは467条１項に規定されています。

　なお、同条同項は、「債務者への通知」だけではなく、「債務者の承諾」についても規定していますが、次節でも説明しますとおり、捜査の現場で問題となるのは「債務者への通知」の方ですので、こちらの方を理解しておけば十分と思われます。

2 譲渡債権回収名目の架空請求詐欺事案

詐欺の一形態として、譲渡債権回収名目の架空請求詐欺事案があります。

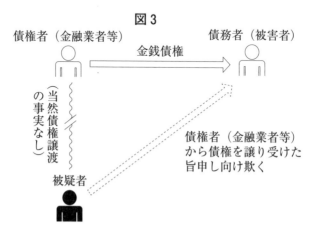

図3

被疑者は、まず債務者名簿を入手するなどして債権者・債務者間の金銭債権の存在を知り、債務者に対して、実際には債権者（金融業者等）から債権を譲渡されていないにもかかわらず、譲渡された旨申し向け、架空人等名義の口座に金銭を振り込ませるなどして金銭を詐取するわけですが、この種事案における被害者のなすべき対応については、前節の説明でお分かりと思います。元々被疑者には債権がないことから、被害者には被疑者の請求に応じる法的義務は全くありませんが、被害者としては、債権が譲渡されているのか否か分からないため不安に思い、被疑者に騙されてしまうわけです。しかし、たとえ仮に、被疑者が若干なりとも債権者（金融業者等）から債権を譲渡されていたとしても、債権の譲渡人となる債権者（金融業者等）から被害者に対して債権譲渡通知がない限り、被害者としては、債権を譲渡された旨主張する被疑者に金銭を支払う必要は一切ないわけです。

　なお、債権譲渡通知は、民事上の権利関係を左右する重要な手続ですので、実務では内容証明郵便で行われることがほとんどです。また、債権譲渡があったか否かを確かめるための一番確実な方法は、債権者（金融業者等）に事実関係の問い合わせを行うことでしょう。

第11章 担保物権制度（抵当権を中心にして）

1 担保物権制度の骨組み（優先弁済権）

まずは確認からです。

> **Q**：担保物権とは、どのような権利だったでしょうか（所有権の3つの権能との関係）。

　所有権には、使用・収益・処分という3つの権能がありましたが**（重要ポイント2）**、このうち「処分」権能を取り出したものが担保物権でした（P31）。

　担保物権とは、読んで字のごとく「何かを担保するための物権」ですが、これは債権を担保するものです。そして、担保される債権は、金銭債権の場合がほとんどですので、**「金銭債権を担保するための物権」**であると理解してください。

　金銭債権は、通常であれば弁済（履行）により消滅しますが、債務不履行の場合には、債権者にとっていろいろ面倒な問題が生じました（「第7章 債務不履行」の「4 金銭債権回収の重要性」）。この債務不履行の場合に備えて、確実に債務が弁済されるようにすることを担保といいますが、担保物権制度は、債務不履行となった場合に担保物権の対象物を処分（売却）し、その売却代金から債権者は弁済を受けることができるというものです。そして、売却代金から債権者が弁済を受けるにあたっては、強制履行の場合のように債権者平等の原則

（**重要ポイント18**）は適用されず、債権者は、売却代金から**他の債権者に優先して弁済を受ける**ことができます（**優先弁済権**）。

　このように、所有権の3つの権能のうち処分権能を取り出して優先弁済権として構成し、債権者平等の原則の例外としたシステムが担保物権制度の骨組みなのです。

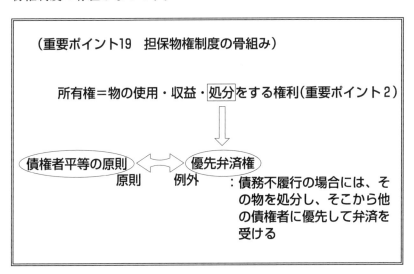

（重要ポイント19　担保物権制度の骨組み）

所有権＝物の使用・収益・処分をする権利（重要ポイント2）

債権者平等の原則　　　　　優先弁済権
　　　原則　　　　例外　：債務不履行の場合には、その物を処分し、そこから他の債権者に優先して弁済を受ける

　民法は、「第2編　物権」において「第7章　留置権」から「第10章　抵当権」まで4種類の担保物権を規定していますが（巻末「民法条文の体系」）、本書では、捜査実務上問題になることの多い「抵当権」について、質権と対比させながら説明していきます。

2 抵当権の基本的な考え方

　抵当権にしても質権にしても、前提として、担保される金銭債権の存在が必要であり、具体的には、

① 　誰かから金を借りて

　　（金銭消費貸借（P112）による金銭債権・債務関係の発生）

② 　その借金の形として自分の物を提供する

　　（抵当権・質権の設定）

というのが両者の基本的な構図です。したがって、債権者は、抵当権者あるいは質権者となり、債務者は、自分の所有物を抵当権や質権の対象にします。また、その設定は、債権者・債務者間の合意（意思表示の合致すなわち契約）によりますが、この契約のことを**抵当権（質権）設定契約**といいます（留置権と先取特権は、債権者・債務者間の合意ではなく、ある種の債権について、法律上当然に成立する担保物権です。）。

　これらのことを踏まえた上で、抵当権の内容について定めた369条１項と、質権の内容について定めた342条を読んでみてください（巻末「民法重要条文集」。なお、369条２項は、地上権及び永小作権を目的とする抵当権を規定していますが、現実には、この種の抵当権はほとんどありません。）。最後の部分の「他の債権者に先立って自己の債権の弁済を受ける権利を有する」というところは両者とも同じであり、この部分は、まさに担保物権制度の中核である優先弁済権について規定しています。そして、両者の違いは、質権が「質権者は、……債務者又は第三者から受け取った物を占有し」とする一方で、抵当権は「債務者又は第三者が占有を移転しないで」としており、**占有移転の有無**ということになります。

　なお、条文に「債務者又は第三者」とあるとおり、抵当権や質権は、借主である債務者の所有物だけではなく、第三者（当事者である債権者・債務者以外の者のこと。P53や**重要ポイント11**）の所有物にも設定することが可能です。この第三者の立場は、他人の債務を保証する保証人の立場に似ていることから、この場合の第三者を「物上保証人」ともいいます。

　それでは、抵当権と質権の違いが占有移転の有無にあり、質権者が質権の目的物を占有する一方で、抵当権者が抵当権の目的物を占有しないということは、「物権の公示」（P42）との関係でどのような問題があるでしょうか。質権については、質権者による目的物の占有により、質権の存在が公示（公に示す）されることになります。しかし、抵当権については、抵当権者が目的物を占有していないので、そのままだと抵当権は公示されず、第三者は抵当権の存在を認識することができないことから、思わぬトラブルも生じかねません。それでは、所有者（債務者）が占有したままの状態である抵当権の目的物に、抵当権が設定されていることを公示する何かよい方法はないのか、ということになりますが、これに応えるものが「不動産登記」なのです。言い方を換えれば、占有以外の公示方法を有する物については、抵当権の設定を認めても支障がなく、その代表格が登記制度を有する不動産であることから（**重要ポイント９**）、民法も不動産を対象とする抵当権制度を設けているわけです（369条１項は、「債務者又は第三者が占有を移転しないで債務の担保に供した**不動産**について」と規定します。なお、この趣旨から、動産であっても登記・登録による公示制度があるものについては、特別法により抵当権の設定が認められているものもあります。）。

　P44の図３で示した「登記事項証明書の様式」を以下に再掲しますが、「権利部（乙区）」と題する部分には（所有権以外の権利に関する

事項）という記載があり、抵当権の登記はここになされます。

登記事項証明書の様式

表　題　部	（土地の表示）		調製		不動産番号	
地図番号			筆界特定			
所　　在						
①地　番		②地　目	③地　　積　㎡		原因及びその日付〔登記の日付〕	
所　有　者						

権　利　部（甲区）　（所有権に関する事項）			
順位番号	登記の目的	受付年月日・受付番号	権利者その他の事項

権　利　部（乙区）　（所有権以外の権利に関する事項）			
順位番号	登記の目的	受付年月日・受付番号	権利者その他の事項

（不動産登記規則　別記第7号）

　そして、抵当権は、金銭債権の債務不履行に備えて設定されるものであることから、金銭債権が通常どおり履行されれば（**重要ポイント15**における**正常なプロセスによる債権・債務の消滅**）、抵当権の存在意義はなくなり、消滅します。この場合には、抵当権の登記も、抵当権設定者（債務者）と抵当権者（債権者）の申請により抹消されます。

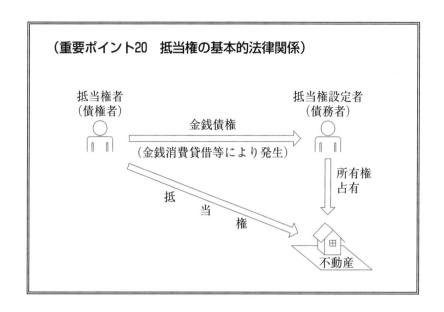

（重要ポイント20　抵当権の基本的法律関係）

抵当権者（債権者）、抵当権設定者（債務者）、金銭債権（金銭消費貸借等により発生）、抵当権、所有権占有、不動産

3　抵当権の順位と根抵当権

　実際の登記事項証明書の「権利部（乙区）」欄を見ると、一つの不動産に複数の抵当権が設定されていることがありますし、また、「根抵当権」という権利が設定されていることもあります。

(1)　抵当権の順位

　例えば、「権利部（乙区）」欄に、以下のような登記がなされていることがあります。

図1

権　利　部　（　乙　区　）　（所有権以外の権利に関する事項）			
順位番号	登記の目的	受付年月日・受付番号	権利者その他の事項
1	抵当権設定	平成20年2月22日第51XX号	原因　平成20年2月22日金銭消費貸借同日設定 債権額　金2,000万円 債務者　八王子市山田町1005番地 　　山田太郎 抵当権者　東京都文京区小石川5丁目17番3号 　　株式会社大森銀行
2	抵当権設定	平成20年4月11日第11XX1号	原因　平成20年4月11日金銭消費貸借同日設定 債権額　金1,500万円 債務者　八王子市山田町1005番地 　　山田太郎 抵当権者　長野市南千歳町1005番地 　　株式会社東方銀行

※　分かりやすさを優先するため、「権利者その他の事項」欄については、一部省略しています。

この登記から分かることは、

①　当該不動産について、大森銀行を抵当権者とする抵当権が設定され（**1番抵当権**）、

②　次には、東方銀行を抵当権者とする抵当権が設定された（**2番抵当権**）

ということです。このことを図示すれば、以下のとおりとなります。

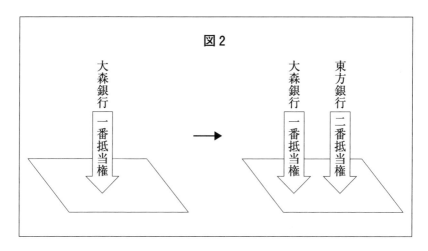

図2

しかし、これをご覧になった方の中には「抵当権も物権の一種であり、排他的支配性があるのだろうから、このようなことが可能なのだろうか」という疑問を抱いた方もおられると思います。物権が物を支配する権利である以上、その支配の態様は排他的なものでなければなりません。例えば、Aさんがある土地を所有しているのであれば、その土地に重ねてBさんの所有権は成立しないということでした（P39）。このことを、さらに具体的に所有権登記の実例で見ていくために、P55の図3を再掲します。

図3

権　利　部　（　甲　区　）　　（所有権に関する事項）			
順位番号	登記の目的	受付年月日・受付番号	権利者その他の事項
1	所有権保存	平成8年9月5日 第10XX1号	所有者　八王子市山田町1005番地 　　　　大森太郎
2	所有権移転	平成12年7月18日 第8XX7号	原因　平成12年7月18日売買 所有者　東京都文京区小石川5丁目17番3号 　　　　東方陽子
3	所有権移転	平成16年1月26日 第8XX号	原因　平成15年11月4日相続 所有者　東京都文京区小石川5丁目17番3号 　　　　東方明

復習になりますが、この所有権登記からわかることは、

　①　当該不動産の所有権が、大森太郎から東方陽子に移転し、

　②　次には、東方陽子から東方明に移転した

ということでした。このことを図示すれば、以下のとおりとなります。

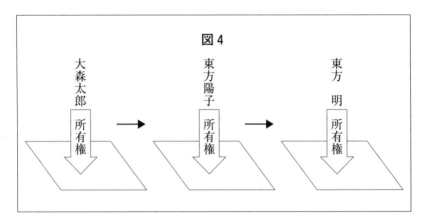

図4

　このように、当該不動産の所有権は、大森太郎、東方陽子、東方明のいずれかに帰属しているのであって、当該不動産について、「1番所有権」、「2番所有権」といったように、2人以上の者に重ねて所有権が帰属するということはありえないということです（注31）。

　それでは、図2（P135）における、抵当権の二重の存在（「1番抵当権」の設定と、更なる「2番抵当権」の設定）については、物権の排他的支配性という観点からは、どのように考えればよいのでしょうか。これについては、「1番抵当権と2番抵当権は、内容の異なる別の物権である」という説明がなされます。物権としての内容が異なるからこそ、両者が併存しても、排他的支配性について特に問題が生じないとされるわけですが、それでは、両者における内容の違いとは何でしょうか。抵当権に代表される担保物権の本質は、債権者平等の原則を排して、他の債権者に優先して弁済を受けることができるという「優先弁済権」にありました（**重要ポイント19**）。1番抵当権と2番抵

当権との違いは、まさにこの本質的な部分における違いであり、すなわち、優先弁済の順位が異なるということです。抵当権者は、他の債権者に優先して弁済を受けることができますが、抵当権者の中でも、1番抵当権者は、更に2番抵当権者にも優先して弁済を受けることができるわけです。1番抵当権者（大森銀行）も、2番抵当権者（東方銀行）も、当該不動産の売却代金から優先して弁済を受けることができますが、まず最初に弁済を受けることができるのは1番抵当権者であり、1番抵当権者が弁済を受けた後、その残額から2番抵当権者が弁済を受けることになります。したがって、その残額が僅少な場合には、2番抵当権者は抵当権者としてのメリットをほとんど享受できないことになります。

　なお、抵当権の順位は、登記の先後によります（373条）。

(2)　根抵当権

　根抵当権については、債務不履行の説明で用いた販売店と問屋との間の取引設例（P100）を再度使って説明します。

〔設例〕

　販売店と問屋との間の商品仕入取引については、日々の仕入商品の種類、数に変動があるため、例えば仕入代金を月締めで確定させたりする。

　この場合、問屋の販売店に対する金銭債権は、毎月ごとに発生し、金額もそれぞれ異なったものになる。

　そして、販売店は、これらの金銭債権を弁済していくことになる。

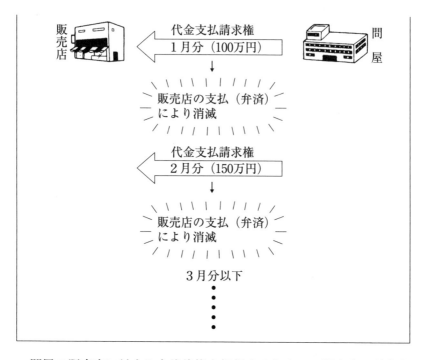

　問屋の販売店に対する金銭債権を担保するために、販売店の所有する不動産に抵当権を設定するとすれば、抵当権の設定や消滅の態様は、どのようなものになるでしょうか。金銭債権が発生と消滅を繰り返していることから、これを担保する抵当権も設定と消滅を繰り返すことになりますが、これでは抵当権設定契約や登記申請にかかる事務処理量、経費も膨大なものになってしまいます。これを回避するために生まれたのが根抵当権制度です。

　根抵当権の内容について定めているのは398条の2ですが、この内容を一言で説明すれば「**担保される債権を特定しない抵当権**」です。抵当権が担保する金銭債権は特定されたものであり、したがって、債権額も特定されたものです（不動産登記法は、抵当権の登記において債権額を登記事項としています。P134の抵当権登記）。しかし、根抵当権の担保する金銭債権は特定されたものではなく、設例のような、

一定の取引から生じる不特定な金銭債権の束のようなものです（束の中身は、増えたり減ったりします。）。

　それでは、担保物権としての最も重要な効力である優先弁済権を実行する場合、その限度額をどうやって決めればよいのでしょうか。これについて民法は**「極度額」**という概念を創出し、この極度額をもって根抵当権の優先弁済権の限度額としました（極度額については、根抵当権設定契約の当事者である根抵当権者（債権者）と根抵当権設定者（債務者）との間で決められます。）。このように、根抵当権は、極度額の限度で金銭債権を担保するものであり、抵当権の登記において「債権額」が登記されるように、根抵当権の登記においては「極度額」が登記されることになります。

　（注31）　ただし、民法は、2人以上の者が共同で一つの物を所有する「共同所有（共有）」（巻末「民法条文の体系」）という制度も用意しています。この場合、所有権登記においては「持分」という言葉が使われます。

第12章　設例の検討

　本書の中では、民事絡みの事件の擬律判断について、具体的な設例を題材にして説明をしたところがあります。最後に、それらを整理し、一つの章にまとめました。事件の擬律判断に民法上の法律関係が直接的に影響するものの典型例ともいえますので、復習に活用してください。

　まずは設例を読み、自力で問いに対する解答を考える過程で、本文中の関係部分を思い出してみてください。また、[考え方のすじみち]を付けていますので、これを参考にするのもよいでしょう。

設例 1 横領罪における問題点

〔設例 1〕

　Aは、Bに自己の所有物である絵画（時価100万円相当）を預けていたが、Bは、預かっていた絵画を自己の物として知人に売却してしまった。

　なお、ＡＢ間においては、詳細は不明であるが、何らかの金銭貸借を含めた取引関係があることがうかがえる。

　この事案について絵画の横領罪の成否を検討していく場合、何が最も重要なポイントになってくるであろうか。

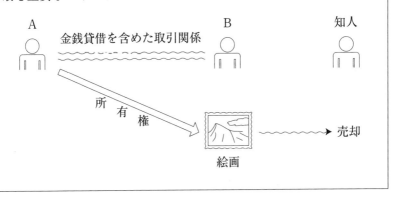

（本文関連Ｐ2〜、Ｐ114〜）

［考え方のすじみち］

横領罪は「物」の所有権を侵害（保護法益は所有権）

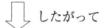 したがって

対象物の所有権が誰に帰属しているのか

を判断することが擬律判断の大前提となる。

設例において、Bに所有権が移転していた可能性はないのか？

→例えば、代物弁済等

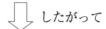 したがって

AがBに絵画を預けた趣旨を明らかにする必要あり。

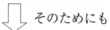 そのためにも

AB間の債権・債務関係の詳細を明らかにしておく必要あり。

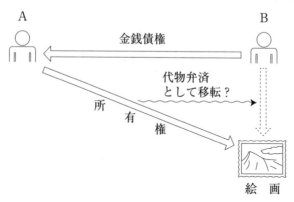

［更問］　AがBに売却を依頼して絵画を預けていた場合、Bが絵画
売却代金をAに渡さないで、自己のために領得すれば？

→絵画売却代金（金銭）に対する横領罪が問題となる。

　　cf.「**設例3　金銭横領の特殊性**」

　　　　本文中「**第5章　金銭をめぐる問題**」

設例2　詐欺罪における問題点

〔設例2〕

　詐欺事件の捜査においては、被疑者と被害者との間における債権・債務関係を明らかにする必要があるといわれることがあるが、この理由として考えられることは何であろうか。

　例えば、AがBに対して100万円の金銭債権を有していたが、Bがその債務をなかなか履行しないことから、AがBに対して詐欺的手段を用いて金銭100万円を交付させたとする。

　この事案について詐欺罪の成否を検討していく場合、何が最も重要なポイント（大きなハードル）になってくるであろうか。

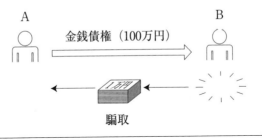

（本文関連Ｐ6〜）

[考え方のすじみち]

詐欺罪の構成要件

　欺罔行為→錯誤→交付行為→財物の移転

　　　　　　　　　　　　　　＋「損害の発生」

「損害」の中身とは？

　　　→財物の喪失それ自体を損害とし、

　　　　全体としての財産に損害を加えることまでは必要なし。
 形式的に貫くと

形式的個別財産説

　　→「財物の移転＝損害の発生」となってしまう。
 それでは
「損害の発生」要件は不要？

実質的個別財産説

　　→財物の喪失それ自体を損害としながらも、これを実質的に

　　　捉えようとする考え方

　　cf. **最判平成13・7・19**
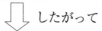 したがって
実質的な損害の有無や程度を検討する必要あり。
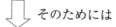 そのためには
被疑者・被害者間の債権・債務関係を解明しておく必要あり。

詐欺罪の構成要件につき「損害の発生」を認めない立場をとったとしても、

法益侵害を実質的に捉えようとすれば（cf. **最判平成13·7·19**）、前記「実質的個別財産説」（「財物の喪失それ自体を損害としながらも、これを実質的に捉えようとする考え方」）と重なってくる。

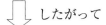 したがって

実質的な損害の有無や程度を検討する必要あり。

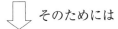 そのためには

被疑者・被害者間の債権・債務関係を解明しておく必要あり。

［更問］

　詐欺罪の擬律判断においては、全ての事案について「実質的な損害の発生」要件を厳密に検討していかなければならないのか。

　→結果的に被害者が債務を履行した形になってしまう事案については、「実質的な損害の発生」要件が重要な位置付けを占めてくる。

　cf. 本文中「**第１章　捜査と民法**」

　　　の「**３　詐欺罪における問題点**」

　　　の「**(3)　詐欺罪における「実質的な損害の発生」要件の位置付け**」

設例3　金銭横領の特殊性

〔設例3〕

　Aは、Bに現金500万円を預けた。

　Bは、しばらくの間、その500万円を自宅のタンスに保管していたが、生来の遊興好きな性格から、保管していた500万円を自己の飲食遊興費に遣ってしまった。

　Bの行為を横領罪で擬律していく場合、どのような点が問題となるであろうか。

※　金銭横領の捜査においては、使途先の解明が必要不可欠であることから、設例のようなケースでは、飲食遊興先を逐一つぶしていかなければなりませんが、このような労多く地道な捜査を遂げ、使途先が解明されたことを前提にしてください。

（本文関連P71～）

[考え方のすじみち]

　金銭の「占有＝所有権」理論をそのままあてはめた場合

　　　　→現金500万円については、「Ｂの占有するＢの物」となる。

 そこで

ＡＢ間の金銭寄託の趣旨を明らかにしていく必要あり。

1　消費寄託（金銭消費寄託）であった場合

　　　　→民法理論により、所有権はＢに帰属。

2　封金の形態で交付されるなど、純粋に現金の保管を内容とするも
　のであった場合

　　　　→民法理論により、所有権はＡにとどまったまま。

3　寄託の趣旨にとどまらず、委任の趣旨を含んだものであった場合
　「使途を限定した金銭の寄託」

　　　　→民法上の所有権の帰属と、刑法上の所有権の判断が異なる
　　　　　典型的なケース

　　　　→金銭を金額として捉える考え方

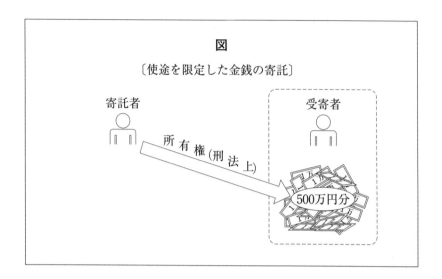

図

〔使途を限定した金銭の寄託〕

寄託者　　　　　　　　　　　　受寄者

所有権(刑法上)

500万円分

[更問1]

　金銭の一時流用と横領罪の成否

[更問2]

　設例の※部分の理由とは？

cf. 本文中「第5章　金銭をめぐる問題」
　　の「5　金銭横領の捜査上の留意点」

設例4　預金の横領

〔設例4〕

　Aは、不動産購入を予定し、その契約等の処理を委任するとともに、不動産購入の支払代金に充ててもらう趣旨で、現金5,000万円をBに預けた。

　Bは、預かった現金が大金であったことから、Aの了解を得た上で、それを自己の普通預金口座に入金した（元々当該口座の残高は、ゼロに近い状態であった。）。

　その後、Bは、当該口座のある銀行に対して約5,000万円の債務を負担していたことから、当該口座に入金した金銭の振替支払により、自己の債務を弁済してしまった。

　Bの行為を横領罪で擬律していくことは可能であろうか。

（本文関連P86〜）

[考え方のすじみち]

　銀行預金＝金銭消費寄託

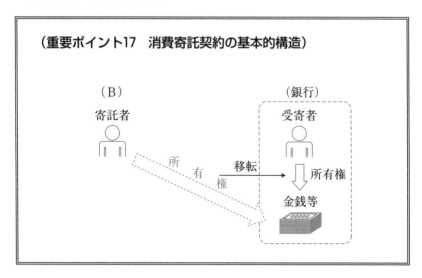

（重要ポイント17　消費寄託契約の基本的構造）

　これを前提にすれば、銀行に預けた現金5,000万円を客体（物）とする横領罪での擬律は無理？

しかし

　Bが、当該口座から現金で5,000万円を出金し、それを金融業者への弁済に充ててしまった場合

　　　→出金した現金を客体（物）とした上で、横領罪の構成要件にあてはめていくことが可能。

それでは

　設例についても、横領罪による擬律が可能ではないのか？

　（口座に預金した金銭を、現金の形で払い戻したか否かという違いだけではないのか？）

このことから

「預金による金銭の占有」という考え方（金銭を金額としてとらえ
る考え方）

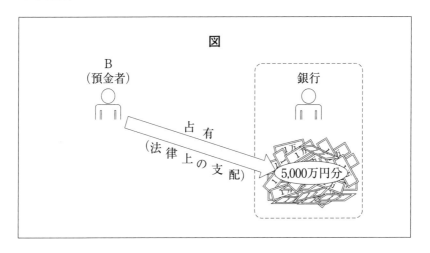

※　その刑法上の所有権は、Aにとどまったまま。

設例5　背任罪と債務不履行

〔設例5〕

　電器製品販売店と問屋との間で、パソコン100台を購入する売買契約が交わされた。

　問屋は、期日までにパソコン100台を販売店に引き渡した。

　販売店は、期日までにパソコンの代金1,000万円を問屋に支払うべく、資金を準備していた。

　ところが、販売店は、別の取引先に対しても1,000万円の金銭債務を負担しており、その取引先から早急な支払を泣きつかれたため、問屋に支払うべく準備していた1,000万円を、別の取引先への支払に充ててしまった。

　そのため、販売店は、期日が到来しても問屋へ代金を支払うことができず、また、その直後から資金繰りに窮し始めた販売店は、期日を過ぎた後も問屋への代金を支払うことが困難になってしまった。

　この事案を、

　　「販売店が、自己の債務（別の取引先に対する債務）を弁済するために、問屋への金銭支払義務（金銭債務）があるにもかかわらず、これに背き、問屋に損害を生じさせたものである」

として、販売店による背任事件として擬律していくことは可能であろうか。

　※　ここでいう「問屋」とは、俗にいう問屋（とんや）のことであり、卸売商のことです。

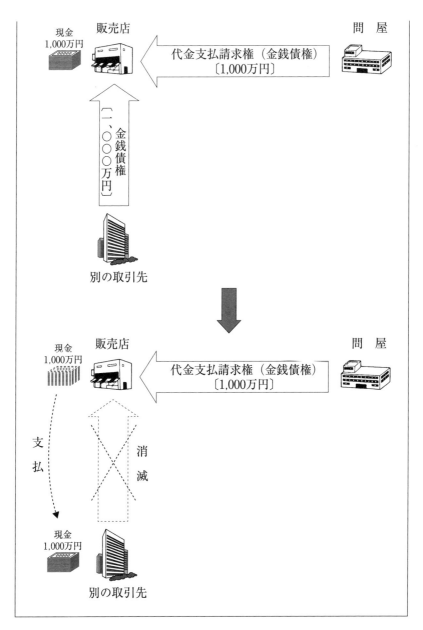

（本文関連Ｐ103〜）

[考え方のすじみち]

背任罪の構成要件

○　主体…「他人のためにその事務を処理する者」

○　目的…「図利加害目的」

○　行為…「任務違背行為」

○　結果…「本人に財産上の損害を加えたとき」

設例のケースについては、どの要件が問題となるのか？

　　　　→主体の要件の問題

「その事務」＝「他人の事務」

　　　→他人のために**他人の事務**を処理する者

　それでは

販売店は、「問屋のために**問屋の事務**を処理する者」といえるのか？

販売店の問屋に対する代金支払債務（金銭債務）の履行は、

　　　→問屋のために行われるものではあるが、

　　　→販売店自身が行うものである。

　したがって

「販売店（自己）の事務」であり、「問屋（他人）の事務」ではない。

cf.　委任のように「契約等の事務処理」を内容とする契約における

　　受任者の負う債務

付　　　録

詐欺罪・横領罪・背任罪

第246条（詐欺）

1　人を欺いて財物を交付させた者は、10年以下の懲役に処する。

2　略

第252条（横領）

1　自己の占有する他人の物を横領した者は、5年以下の懲役に処する。

2　略

第247条（背任）

　他人のためにその事務を処理する者が、自己若しくは第三者の利益を図り又は本人に損害を加える目的で、その任務に背く行為をし、本人に財産上の損害を加えたときは、5年以下の懲役又は50万円以下の罰金に処する。

民法条文の体系

民法重要条文集

○　民法〔抄〕〔明治29年4月27日〕〔法律第89号〕

最近改正　令和元年6月14日法律第34号

第85条（定義）

　この法律において「物」とは、有体物をいう。

第86条（不動産及び動産）

①　土地及びその定着物は、不動産とする。

②　不動産以外の物は、すべて動産とする。

第136条（期限の利益及びその放棄）

①　期限は、債務者の利益のために定めたものと推定する。

②　期限の利益は、放棄することができる。ただし、これによって相手方の利益を害することはできない。

第175条（物権の創設）

　物権は、この法律その他の法律に定めるもののほか、創設することができない。

第176条（物権の設定及び移転）

　物権の設定及び移転は、当事者の意思表示のみによって、その効力を生ずる。

第177条（不動産に関する物権の変動の対抗要件）

　不動産に関する物権の得喪及び変更は、不動産登記法（平成16年法

律第123号）その他の登記に関する法律の定めるところに従いその登
記をしなければ、第三者に対抗することができない。

第178条（動産に関する物権の譲渡の対抗要件）

　動産に関する物権の譲渡は、その動産の引渡しがなければ、第三者
に対抗することができない。

第188条（占有物について行使する権利の適法の推定）

　占有者が占有物について行使する権利は、適法に有するものと推定
する。

第192条（即時取得）

　取引行為によって、平穏に、かつ、公然と動産の占有を始めた者は、
善意であり、かつ、過失がないときは、即時にその動産について行使
する権利を取得する。

第193条（盗品又は遺失物の回復）

　前条の場合において、占有物が盗品又は遺失物であるときは、被害
者又は遺失者は、盗難又は遺失の時から２年間、占有者に対してその
物の回復を請求することができる。

第194条

　占有者が、盗品又は遺失物を、競売若しくは公の市場において、又
はその物と同種の物を販売する商人から、善意で買い受けたときは、
被害者又は遺失者は、占有者が支払った代価を弁償しなければ、その
物を回復することができない。

第206条（所有権の内容）

　所有者は、法令の制限内において、自由にその所有物の使用、収益

及び処分をする権利を有する。

第342条（質権の内容）

　質権者は、その債権の担保として債務者又は第三者から受け取った物を占有し、かつ、その物について他の債権者に先立って自己の債権の弁済を受ける権利を有する。

第369条（抵当権の内容）

①　抵当権者は、債務者又は第三者が占有を移転しないで債務の担保に供した不動産について、他の債権者に先立って自己の債権の弁済を受ける権利を有する。

②　地上権及び永小作権も、抵当権の目的とすることができる。この場合においては、この章の規定を準用する。

第373条（抵当権の順位）

　同一の不動産について数個の抵当権が設定されたときは、その抵当権の順位は、登記の前後による。

第398条の2（根抵当権）

①　抵当権は、設定行為で定めるところにより、一定の範囲に属する不特定の債権を極度額の限度において担保するためにも設定することができる。

②　前項の規定による抵当権（以下「根抵当権」という。）の担保すべき不特定の債権の範囲は、債務者との特定の継続的取引契約によって生ずるものその他債務者との一定の種類の取引によって生ずるものに限定して、定めなければならない。

③　（略）

第401条（種類債権）

① 債権の目的物を種類のみで指定した場合において、法律行為の性質又は当事者の意思によってその品質を定めることができないときは、債務者は、中等の品質を有する物を給付しなければならない。

② 前項の場合において、債務者が物の給付をするのに必要な行為を完了し、又は債権者の同意を得てその給付すべき物を指定したときは、以後その物を債権の目的物とする。

第414条（履行の強制）

① 債務者が任意に債務の履行をしないときは、債権者は、民事執行法その他強制執行の手続に関する法令の規定に従い、直接強制、代替執行、間接強制その他の方法による履行の強制を裁判所に請求することができる。ただし、債務の性質がこれを許さないときは、この限りでない。

② 前項の規定は、損害賠償の請求を妨げない。

第415条（債務不履行による損害賠償）

① 債務者がその債務の本旨に従った履行をしないとき又は債務の履行が不能であるときは、債権者は、これによって生じた損害の賠償を請求することができる。ただし、その債務の不履行が契約その他の債務の発生原因及び取引上の社会通念に照らして債務者の責めに帰することができない事由によるものであるときは、この限りでない。

② （略）

第417条（損害賠償の方法）

損害賠償は、別段の意思表示がないときは、金銭をもってその額を定める。

第466条（債権の譲渡性）

①　債権は、譲り渡すことができる。ただし、その性質がこれを許さないときは、この限りでない。

②～④　（略）

第467条（債権の譲渡の対抗要件）

①　債権の譲渡（現に発生していない債権の譲渡を含む。）は、譲渡人が債務者に通知をし、又は債務者が承諾をしなければ、債務者その他の第三者に対抗することができない。

②　前項の通知又は承諾は、確定日付のある証書によってしなければ、債務者以外の第三者に対抗することができない。

第473条（弁済）

債務者が債権者に対して債務の弁済をしたときは、その債権は、消滅する。

第474条（第三者の弁済）

①　債務の弁済は、第三者もすることができる。

②～④　（略）

第482条（代物弁済）

弁済をすることができる者（以下「弁済者」という。）が、債権者との間で、債務者の負担した給付に代えて他の給付をすることにより債務を消滅させる旨の契約をした場合において、その弁済者が当該他の給付をしたときは、その給付は、弁済と同一の効力を有する。

第505条（相殺の要件等）

①　二人が互いに同種の目的を有する債務を負担する場合において、双方の債務が弁済期にあるときは、各債務者は、その対当額につい

て相殺によってその債務を免れることができる。ただし、債務の性質がこれを許さないときは、この限りでない。

② （略）

第506条（相殺の方法及び効力）

① 相殺は、当事者の一方から相手方に対する意思表示によってする。この場合において、その意思表示には、条件又は期限を付することができない。

② （略）

第509条（不法行為等により生じた債権を受働債権とする相殺の禁止）

次に掲げる債務の債務者は、相殺をもって債権者に対抗することができない。ただし、その債権者がその債務に係る債権を他人から譲り受けたときは、この限りでない。

1　悪意による不法行為に基づく損害賠償の債務

2　人の生命又は身体の侵害による損害賠償の債務（前号に掲げるものを除く。）

第521条（契約の締結及び内容の自由）

① 何人も、法令に特別の定めがある場合を除き、契約をするかどうかを自由に決定することができる。

② 契約の当事者は、法令の制限内において、契約の内容を自由に決定することができる。

第522条（契約の成立と方式）

① 契約は、契約の内容を示してその締結を申し入れる意思表示（以下「申込み」という。）に対して相手方が承諾をしたときに成立する。

② 契約の成立には、法令に特別の定めがある場合を除き、書面の作

成その他の方式を具備することを要しない。

第541条（催告による解除）

　当事者の一方がその債務を履行しない場合において、相手方が相当の期間を定めてその履行の催告をし、その期間内に履行がないときは、相手方は、契約の解除をすることができる。ただし、その期間を経過した時における債務の不履行がその契約及び取引上の社会通念に照らして軽微であるときは、この限りでない。

第545条（解除の効果）

① 　当事者の一方がその解除権を行使したときは、各当事者は、その相手方を原状に復させる義務を負う。ただし、第三者の権利を害することはできない。

②・③ 　（略）

④ 　解除権の行使は、損害賠償の請求を妨げない。

第555条（売買）

　売買は、当事者の一方がある財産権を相手方に移転することを約し、相手方がこれに対してその代金を支払うことを約することによって、その効力を生ずる。

第562条（買主の追完請求権）

① 　引き渡された目的物が種類、品質又は数量に関して契約の内容に適合しないものであるときは、買主は、売主に対し、目的物の修補、代替物の引渡し又は不足分の引渡しによる履行の追完を請求することができる。ただし、売主は、買主に不相当な負担を課するものでないときは、買主が請求した方法と異なる方法による履行の追完をすることができる。

② 　（略）

第587条（消費貸借）

　消費貸借は、当事者の一方が種類、品質及び数量の同じ物をもって返還をすることを約して相手方から金銭その他の物を受け取ることによって、その効力を生ずる。

第601条（賃貸借）

　賃貸借は、当事者の一方がある物の使用及び収益を相手方にさせることを約し、相手方がこれに対してその賃料を支払うこと及び引渡しを受けた物を契約が終了したときに返還することを約することによって、その効力を生ずる。

第643条（委任）

　委任は、当事者の一方が法律行為をすることを相手方に委託し、相手方がこれを承諾することによって、その効力を生ずる。

第657条（寄託）

　寄託は、当事者の一方がある物を保管することを相手方に委託し、相手方がこれを承諾することによって、その効力を生ずる。

第665条（委任の規定の準用）

　第646条から第648条まで、第649条並びに第650条第１項及び第２項の規定は、寄託について準用する。

第666条（消費寄託）

①　受寄者が契約により寄託物を消費することができる場合には、受寄者は、寄託された物と種類、品質及び数量の同じ物をもって返還しなければならない。

②・③　（略）

重要ポイント一覧

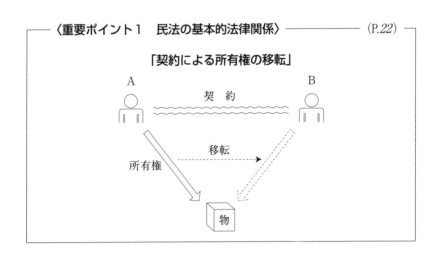

〈重要ポイント1　民法の基本的法律関係〉　　　　　　　(P.22)

「契約による所有権の移転」

〈重要ポイント2　所有権〉　　　　　　　　　　　　　(P.23)

所有権＝物の使用・収益・処分をする権利

(206条)

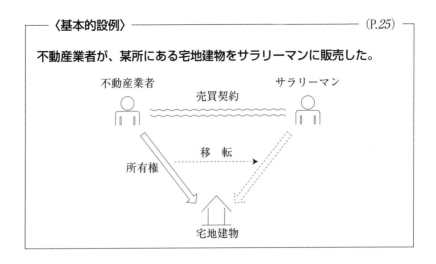

〈基本的設例〉　　　　　　　　　　　　　　　　　　(P.25)

不動産業者が、某所にある宅地建物をサラリーマンに販売した。

170

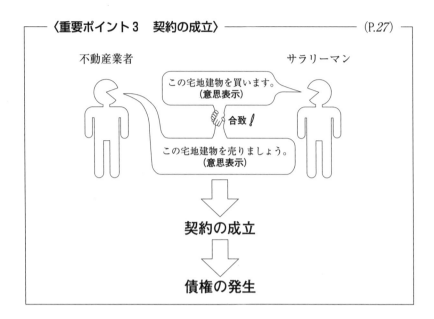

〈重要ポイント3　契約の成立〉 (P.27)

不動産業者　　　　　　　　　サラリーマン

この宅地建物を買います。
（意思表示）

合致

この宅地建物を売りましょう。
（意思表示）

契約の成立

債権の発生

〈重要ポイント4　民法を理解するために〉 (P.28)

　現実売買ではなく、契約成立から契約終了までの時間の流れがある売買を想定すれば、民法が理解しやすくなる。

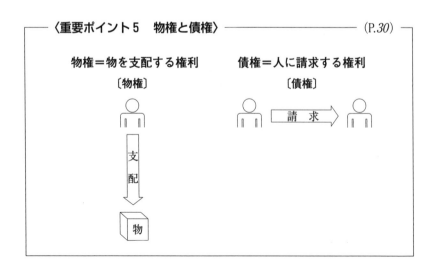

〈重要ポイント5　物権と債権〉 (P.30)

物権＝物を支配する権利　　　　**債権＝人に請求する権利**

〔物権〕　　　　　　　　　　　　　〔債権〕

支配

物

請求

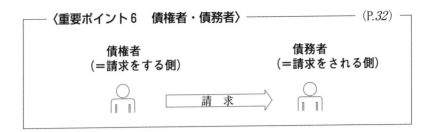

〈重要ポイント6　債権者・債務者〉　　　　　　　　　(P.32)

債権者
（＝請求をする側）

債務者
（＝請求をされる側）

請　求

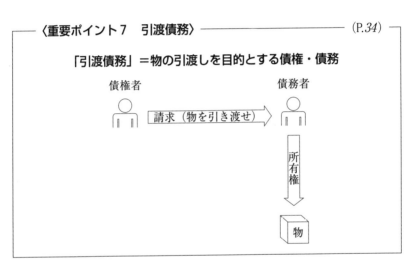

〈重要ポイント7　引渡債務〉　　　　　　　　　　　　(P.34)

「引渡債務」＝物の引渡しを目的とする債権・債務

債権者

債務者

請求（物を引き渡せ）

所有権

物

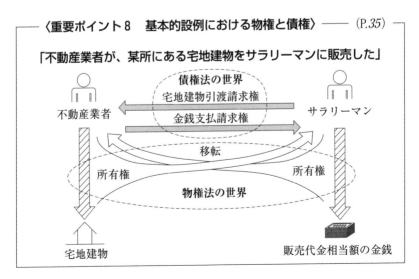

〈重要ポイント8　基本的設例における物権と債権〉　　(P.35)

「不動産業者が、某所にある宅地建物をサラリーマンに販売した」

債権法の世界
宅地建物引渡請求権

金銭支払請求権

不動産業者

サラリーマン

移転

所有権

所有権

物権法の世界

宅地建物

販売代金相当額の金銭

〈重要ポイント9　物権（所有権）の公示〉 ──────── (P.45)

物権（所有権）
　　の公示方法 {
不動産──→登記

動　産──→占有
}

〈重要ポイント10　所有権の移転時期〉 ──────── (P.52)

原則……176条により、契約時に所有権は移転

しかし

　所有権の移転については、契約書に別に特約として定められていることが多いので、注意が必要である。

〈重要ポイント11　所有権移転の構造〉 ──────── (P.56)

176条による所有権の移転
　　　　＋
177条・178条による公示（登記・占有）
　　　　　　⟹　　第三者にも対抗可

　　　○　第三者＝当事者以外の者
　　　○　対抗できない＝主張できない

┌─〈重要ポイント12　無権利の法理とその例外〉─────── (P.65)─┐

　　　┌─無権利の法理─────┐
　　　╭──────────────────────────╮
　　　│　原則…所有権のない者からは所有権を得ること　│
　　　│　　　　　ができない　　　　　　　　　　　　│
　　　╰──────────────────────────╯

　　　　　　　　　　　　　⬇　　　　○公示手段としての占有の機能不全
　　　　　　　　　　しかし！　　　　○取引の安全

　　　┌──────────────────────────┐
　　　│　例外…動産取引における即時取得制度（192条）　│
　　　└──────────────────────────┘

┌─〈重要ポイント13　金銭の所有権の移転〉─────── (P.66、P.77)─┐

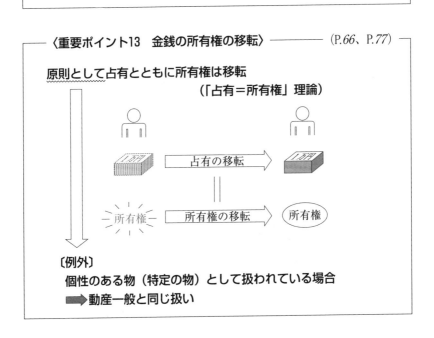

原則として占有とともに所有権は移転

（「占有＝所有権」理論）

占有の移転

所有権　─　所有権の移転　→　所有権

〔例外〕
個性のある物（特定の物）として扱われている場合
➡動産一般と同じ扱い

〈重要ポイント14　引渡債務の分類〉 ──────── (P.67)

金銭債権（金銭の支払請求権）

非金銭債権
　特定物債権＝「特定物」の引渡請求権

その物の個性に
着目するか否か

種 類 債 権＝「種類物」の引渡請求権

〈重要ポイント15　債権・債務のプロセス〉 ─────── (P.70、P.98)

債権・債務の発生
　┗ 契約の成立（←意思表示の合致）による

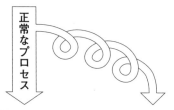

正常なプロセス

債権・債務の消滅
　┗ 弁済（＝契約どおりの物を引き渡すこと。履行）による

債務不履行
（債務が履行されない）
➡債権者の手段
　○強制履行
　○契約の解除
　○損害賠償請求
　・追完請求

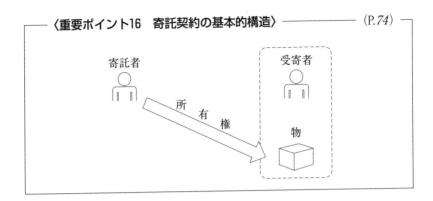

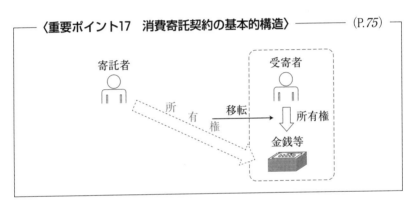

〈重要ポイント18　債権者平等の原則〉 ──────── (P.109)

強制履行の場合

⬇

債権者平等の原則
　＝各債権者が債権額に応じて比例配分によって弁済を受けるという
　　原則

〈重要ポイント19　担保物権制度の骨組み〉 ──────── (P.129)

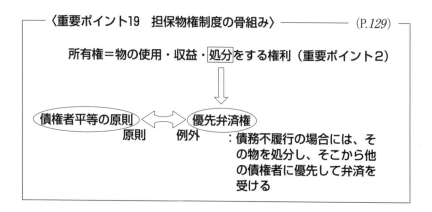

所有権＝物の使用・収益・ 処分 をする権利（重要ポイント2）

⬇

債権者平等の原則 ⟷ 優先弁済権
　　　　　　原則　　例外　：債務不履行の場合には、そ
　　　　　　　　　　　　　　の物を処分し、そこから他
　　　　　　　　　　　　　　の債権者に優先して弁済を
　　　　　　　　　　　　　　受ける

〈重要ポイント20　抵当権の基本的法律関係〉 ──────── (P.133)

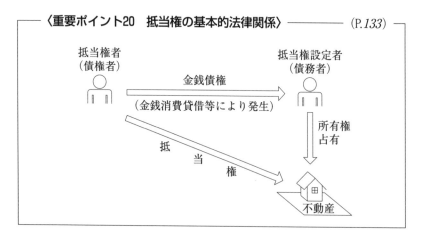

抵当権者
（債権者）

抵当権設定者
（債務者）

金銭債権
（金銭消費貸借等により発生）

所有権
占有

抵　当　権

不動産

参 考 文 献

1　全体を通してのもの

法令用語研究会編『有斐閣　法律用語辞典（第5版）』（有斐閣、2020年）

西田典之（橋爪隆補訂）『刑法各論（第7版）』（弘文堂、2018年）

山口厚『刑法（第3版）』（有斐閣、2015年）

山口厚『刑法各論（第2版）』〔補訂〕（有斐閣、2012年）

前田雅英『刑法各論講義（第7版）』（東京大学出版会、2020年）

中森喜彦『刑法各論（第4版）』（有斐閣、2015年）

井田良『入門刑法学・各論（第2版）』（有斐閣、2018年）

中西武夫『新訂　民事・刑事事件の限界』（令文社、1997年）

ジュリスト編集室編『最高裁　時の判例IV　刑事法編』（有斐閣、2004年）

西田典之・山口厚・佐伯仁志・橋爪隆『判例刑法各論（第7版）』（有斐閣、2018年）

幾代通・遠藤浩編『民法入門（第6版）』（有斐閣、2012年）

山本敬三『民法の基礎から学ぶ民法改正』（岩波書店、2017年）

内田貴『改正民法のはなし』（民事法務協会、2020年）

内田貴『民法I（第4版）』（東京大学出版会、2008年）

内田貴『民法II（第3版）』（東京大学出版会、2011年）

内田貴『民法III（第4版）』（東京大学出版会、2020年）

大村敦志『新基本民法1　総則編（第2版）』（有斐閣、2019年）

大村敦志『新基本民法2　物権編（第2版）』（有斐閣、2019年）

2　特に第5・6章に関してのもの（前記1と重複するものも記載してあります。）

西田典之（橋爪隆補訂）『刑法各論（第7版）』（弘文堂、2018年）

山口厚『刑法（第3版）』（有斐閣、2015年）

山口厚『刑法各論（第2版）』〔補訂〕（有斐閣、2012年）

佐伯仁志・道垣内弘人『刑法と民法の対話』（有斐閣、2001年）

本江威憙監修『民商事と交錯する経済犯罪I』（立花書房、1994年）

藤永幸治編『シリーズ捜査実務全書3　知能犯罪（3訂版）』（東京法令出版、2007年）

著者プロフィール

鶴岡文人（つるおか　ふみひと）

愛媛県警察本部捜査第二課長、新潟県警察本部捜査第二課長、警察大学校・財務捜査研修センター教授、徳島県警察本部警務部長等を歴任

主な著書・論考等

『捜査のための会社法』（東京法令出版、2019年）

「捜査における民商事の必要性」（「警察学論集」66巻11号（立花書房、2013年））

「捜査における民商事の必要性：演習（民法篇）」（「警察学論集」67巻4号（立花書房、2014年））

本書の内容等について、ご意見・ご要望がございましたら、編集室までお寄せください。FAX・メールいずれでも受け付けております。

〒112—0002　東京都文京区小石川5—17—3

TEL　03(5803)3304

FAX　03(5803)2560

e-mail　police-law@tokyo-horei.co.jp

捜査のための民法［第4版］

平成18年5月31日	初　版　発　行	
平成19年8月1日	初版3刷発行	
平成20年7月1日	第2版発行	
平成24年10月10日	第2版3刷発行	
平成29年5月20日	第3版発行	
令和3年5月15日	第4版発行	

著　者　　鶴　岡　文　人

発行者　　星　沢　卓　也

発行所　　東京法令出版株式会社

112-0002	東京都文京区小石川5丁目17番3号	03(5803)3304
534-0024	大阪市都島区東野田町1丁目17番12号	06(6355)5226
062-0902	札幌市豊平区豊平2条5丁目1番27号	011(822)8811
980-0012	仙台市青葉区錦町1丁目1番10号	022(216)5871
460-0003	名古屋市中区錦1丁目6番34号	052(218)5552
730-0005	広島市中区西白島町11番9号	082(212)0888
810-0011	福岡市中央区高砂2丁目13番22号	092(533)1588
380-8688	長　野　市　南　千　歳　町1005番　地	

〔営業〕TEL 026(224)5411　FAX 026(224)5419

〔編集〕TEL 026(224)5412　FAX 026(224)5439

https://www.tokyo-horei.co.jp/

ISBN978-4-8090-1429-1